소공인

전순옥이 만난
우리 시대의
장 인 들

小工人
소공인

전순옥이 만난
우리 시대의
장 인 들

전 순 옥
권 은 정
지 음

뿌리와
이파리

소공인에게서
새로운 희망을 보았다

이 책의 마무리 작업을 하는 사이, 다시 4월이 오고 5월을 맞았다. 지난 1년여 동안 매일 아침 집을 나서기 전에 마지막으로 한 일은 가슴에 노란 리본을 다는 것이었다. 보기에도 아까운 어린 꽃들이, 그 꽃들을 열매로 자라게 해줘야 할 어른들이, 그리고 이름 없는 무수한 목숨들이 진도 앞바다에서, 35년 전 광주에서 속절없이 스러져 갔다.

누군가가 전순옥이 꿈꾸는 대한민국은 어떤 나라냐고 묻는다면 '더 이상 열사도, 참사도 없는 나라'라고 말하고 싶다. 아무리 외쳐도 메아리조차 없는 거대한 장벽 앞에 제 목숨 하나 던지는 것으로 실금 같은 균열이라도 내보고자 하는 열사가 더 이상 나올 필요가 없는 나라, 아무 잘못 없이, 영문도 모른 채 차가운 바다에서, 달리는 지하철에서, 또 어느 다리와 건물에서 숱한 목숨이 허망하게 스러지는 참사가 더 이상 일어나지 않는 나라.

그리고 거기에 오랜 소망 하나를 덧붙이고 싶다. 사람들의 노동이 강요된 열정이나 고역스런 밥벌이가 아니라 '3L', 즉 배우고(learning) 자유로워지고(liberating) 삶을 바꾸는(life-changing) 노동으로 거듭나는 나라. 참 신나는 일터에서 참 신나는 노동을 하며, 나이 먹는 것이 더 이상 불안하거나 두려운 일이 아니라 자기 삶의 완성형을 향해 나아가는 과정이라고 생각할 수 있게 되는 나라.

친정과도 같은 동대문을 떠나 국회에 발을 내디딘 것은 바로 그러한 소망에 한발 가까이 가고 싶어서였다. 특히 1970~80년대 산업화 과정에서 살인적인 노동 조건에 시달리며 한강의 기적에 일익을 담당했지만, 지금까지 단 한 번도 사회적 관심을 받거나 국가 정책의 대상이 되어본 적 없는 소규모 제조업을 재조명하는 것을 나의 일차적 책무로 삼았다.

실제로 의류봉제를 비롯해 수제화, 가방, 안경, 주얼리 및 액세서리, 인쇄, 금속가공업 등의 소규모 제조업체는 전국에 약 30만 개, 종사자 수는 91만 명을 웃돈다. 지난 6년간(2006~2012) 그 수는 지속적으로 증가해왔으며, 대부분이 전국의 각 도심에 집적되어 있다. 나는 이처럼 노동집약도가 높고 손기술을 포함한 숙련 기술을 기반으로 하며 일정 지역에 집적하는 특성을 가진 10인 이하의 소규모 제조업을 '도시형소공인'으로 명명했다.

우리가 도시형소공인에 주목해야 하는 것은 그 특성상 '납품-조달' 시장이 형성되어 있는 경우가 많아 산업경제 전체의 경쟁력과 지역 산업에 많은 영향을 주고 있기 때문이다. 비록 전체 산업에서 차지하는 매출 규모는 미약하지만, 하도급 등을 통해 생산 하부구조를 담당하는 도시형소공인의 영향을 받는 산업의 시장 규모는 395조 원에 달해 매우 중요한 정책 대상임이 분명하다. 그럼에도 정부의 소상공인 지원책은 오랫동안 '소상인'에만 집중되어왔다. 현 정부가 내놓은 고용률 70퍼센트를 달성하기 위한 정책도 주로 서비스 및 미래 신성장산업에 초점을 맞추고 있다. 그러나 도시형소공인이야말로 숙련집약형이자 기술집약형 산업으로서 고용 유지 및 창출 효과가 높고, 실질적으로 서민의 일자리 문제를 해결할 수 있는 유력한 대안이다.

대기업에 의존하는 산업 정책의 기조를 하루빨리 중소기업과 소상공인 중심으로 바꿔야 한다는 지적은 많이들 해왔지만, 더 나아가 나는 제조업이 결코 사양산업이 아니라 오히려 우리를 살릴 '미래의 먹거리'라는 점을 강조하고 싶다. 실제로 소상인들의 상당수가 창업 후 3년 이내에 폐업에 이르는 반면, 도시형소공인들은 짧게는 10년에서 길게는 40년 이상 동일한 업을 이어오고 있다. 비록 사회적으로 조명받는 삶은 아니었을지라도 그만큼 벌이가 되고 전망이 있었다는 뜻이다.

문제는 도시형소공인이 열악한 생산 환경으로 인한 신규인력 유입

단절, 고숙련 인력의 고령화, 영세성 등의 현실적인 한계에 공통적으로 직면하고 있다는 것이다. 나는 이들이 오랫동안 국가 정책의 사각지대에 방치되어온 만큼 단기적·지엽적 해결책이 아닌 종합적인 지원책이 시급하다고 보았다. 그래서 이들에 대한 제도적·정책적 지원의 근거를 마련하기 위해 광복 이후 최초로 도시형소공인에 대한 전국 실태조사에 나섰다. 이를 바탕으로 산업계 공청회 및 간담회를 개최하고 전국의 소공인 집적지를 찾아 현장의 육성을 청취하는 한편으로, 법률·행정 전문가 그룹과 머리를 맞대고 연구한 끝에 '도시형소공인 지원에 관한 특별법'을 내놓았다. 이 법안의 준비에서 대표 발의, 국회 본회의 통과 및 제정까지 꼬박 2년이 걸렸고, 마침내 2015년 5월 29일 시행을 앞두고 있다.

도시형소공인 지원법을 준비하는 동안, 언젠가 도심의 골목골목이 장인들이 숨 쉬는 기술과 제조의 현장으로 탈바꿈할 미래를 머릿속으로 그려보곤 했다. 그러다 내가 생각하는 그림이 현실이 되려면 많은 사람들, 특히 젊은 세대에게 기술자가 된다는 것이 얼마나 괜찮은 일인가를 알려야겠다는 생각이 들었다. 그래서 의류봉제, 수제화, 가방, 주얼리 등 각 분야의 장인들을 찾아 나섰고, 인터뷰를 통해 그 산업의 역사와 기술자로 산다는 것의 의미를 들을 수 있었다.

그들 한 명 한 명이 손기술 하나로 평범한 직인에서 장인의 경지에 이른 사람들이자, 몇십 년간 우리 경제를 밑바닥에서부터 떠받쳐온 주역들이다. 이들의 삶을 조명하는 것은 그래서 중요하다. 이들이 현역에서 물러나기 전에 소중한 기술의 명맥이 끊어지지 않도록 대안을 찾아야 하기 때문이며, 비록 사회적으로 대우받는 삶은 아니었지만 평생직장은 없어도 평생직업은 있다는 것을 자신의 전 생애를 통해 증명해주고 있기 때문이다. 이 책이 앞으로도 이들이 지속 가능하게 일할 수 있는 환경, 다음 세대에 기술과 노하우를 전수할 수 있는 환경, 나아가 젊은이들이 소공인에서 미래를 발견할 수 있게 해주는 환경을 만드는 데 도움이 되기를 간절히 바란다.

　장인들을 인터뷰하면서 문득 그런 생각이 들었다. 만약 오빠가 청계천의 현실에 조금만 눈을 감았더라면, 근로기준법이 식물화된 법전이 아니라 절반만이라도 현실에서 작동했더라면, 그래서 1970년 11월 그 일이 일어나지 않았더라면…… 어쩌면 오빠도 나도 지금쯤 봉제 장인이 돼 있을지도 모르겠다고. 오누이가 '전 어패럴'이라는 브랜드를 내걸고 함께 미싱을 돌리고 옷을 만들며 늙어갔을지도 모른다고. 벚꽃잎 날리는 어느 봄날 밤, 일을 마치고 오빠와 나란히 집으로 향하며, 고생스러웠지만 그래도 이만하면 괜찮은 삶이었노라고 마주 보며 웃었을지도 모른다고. 그리고 어느 날 어떤 국회의원이 찾아와, 소공인으로서 당신은 어떤 삶을 살았는지 듣고 싶다며 녹음기를 켜고 나란히 인터뷰를 했을지도 모르겠다고.

그런 마음으로 숨은 원석 같은 장인들을 찾아내고, 만나고, 그들의 이야기에 귀를 기울였다. 물론 이들은 언론에 자주 오르내리는 유명 인사도, 세상이 다 아는 업적을 쌓은 사람들도 아니다. 그러나 눈 밝은 독자들이라면 기술자로 살아온 긴 세월만큼 닳고 뭉툭해진 그들의 손에서, 생산 현장의 희로애락으로 새겨진 나이테 같은 주름에서, 그리고 때로는 느낌표로, 때로는 말줄임표로 전하는 이야기에서 그들이 다 건네지 못한 말을 읽어줄 거라 믿는다.

끝으로 손이 쉴 틈이 없는 가운데에도 흔쾌히 인터뷰에 응해주고, 자기 자신과 살아온 날들을 민낯으로 풀어내준 장인들에게 더없는 존경과 고마움을 전한다. 나와 함께 현장을 누비며 장인들을 만나고 원고 작업을 분담해준 권은정 작가, '돈 안 되는 책'의 출간을 기꺼이 맡아준 뿌리와이파리의 정종주 대표와 편집부 직원들에게도 살가운 인사를 건네고 싶다. 그리고 부르는 데도 많고, 안 불러도 여기저기 찾아가고, 이 사람 저 사람 불러 모아 일 만들기 좋아하는 의원 보좌하느라 고생하는 의원실 식구들에게도 깊은 고마움을 전한다.

2015년 5월 여의도에서, *전순옥*

차례
—

02 | 우리가 한마디 해도 되겠습니까?

소공인의 내일을 위한 제언 2
동대문, 'R&D 클러스터'로 그 심장을 펌프하자 **조동성**(서울대학교 경영대학 교수)

소공인의 내일을 위한 제언 3
동대문을 아시아 패션산업의 허브로 키우는 세 가지 해법 **박훈**(산업연구원 박사)

03 | 만든 이의 숨결이 배어 있는 기술은 100년을 간다

소공인의 내일을 위한 제언 4

나도 '메이드인 코리아'를 달아서 세상에 내놓고 싶다 **고미화**(제이패션 대표)

| 일러두기 |

※ 이 책에 실린 인터뷰 및 좌담회는 2013년 10월~2015년 3월에 걸쳐 진행되었으며, 그중 일부는
『프레시안』에 '전순옥 · 권은정의 D–프로젝트'라는 제목으로 연재되었다.

※ 장인 9명의 약력 사항 및 경력 햇수는 인터뷰 당시가 아닌 2015년을 기준으로 작성했다.

※ '미싱', '시다' 등의 일본식 한국말은 인터뷰이들이 일상적으로 쓰는 현장 용어라는 점을 고려하
여 '보조', '재봉틀' 등으로 순화하지 않고 그대로 사용했다.

답은 언제나 현장에 있다

이 책의 시작은 2013년 가을로 거슬러 올라간다. '도시형소공인 지원에 관한 특별법'(이하 소공인법)의 국회 발의를 앞둔 그해 10월, 『프레시안』에 '전순옥·권은정의 D프로젝트'라는 이름으로 기획 연재를 시작했다. 우리나라 의류·봉제산업을 상징하는 동대문의 영문 첫글자 D를 따서 명명하기는 했지만, 의류·봉제뿐만 아니라 수제화, 가방 등 전통적인 소규모 제조업 분야의 장인들을 재조명함으로써 소공인의 가치와 중요성을 환기시키기 위한 프로젝트였다.

먼저 D프로젝트의 의미와 소공인법의 필요성을 알리기 위해 내가 첫 인터뷰이를 자청했고, 이후 2014년 3월까지 총 12회에 걸쳐 장인들은 물론이고 도시형소공인의 산업적 가치와 육성 방안을 연구하는 정책 전문가들을 만나 릴레이 인터뷰를 진행했다. 연재가 끝난 뒤에도 액세서리, 주얼리, 맞춤 양복 등으로 분야를 넓혀 지속적으로 숨은 장인들을 발굴, 인터뷰하여 책으로 묶어 내게 된 것이다.

이 책을 준비하는 동안 계절이 여섯 번이나 바뀌었고, 2013년 12월 여야 의원 88명이 공동 발의한 소공인법은 어느새 시행일을 맞았다. 소공인법은 '노동이 답이다, 답은 현장에 있다'라는 나의 철학이 집약된 소중한 결과물이다. 이 책을 관통하는 단어, '소공인'이란 누구이고 그들이 왜 중요한지, 내가 어떻게 소공인 문제에 천착하게 되었는지, 그리고 이 책에 소개된 장인들과의 귀한 인연 등을 독자들에게 들려주기 위해 권은정 작가와 다시 마주 앉았다.

누가 제조업을 사양산업이라 하는가

—

2013년 9월, 국회 입법조사처 대회의실에서 소공인법 입법 공청회가 열렸다. 그날 행사장은 많은 이들로 붐볐다. 다양한 분야에 종사하는 소규모 제조업자들이 자리를 메웠다. 전 의원이 내민 '카드'에 저마다 희망을 걸어보고자 하는 눈빛이었다. 그전까지 법이라고는 지킬 줄만 알았지 만드는 것은 자신과 상관없는 일인 줄만 알았던 이들이다. 하지만 자신의 살림살이와 관련되면 법은 더 이상 '죄와 벌'을 연상시키는 차가운 문구가 아니라 따뜻한 체온을 품은, 살아 숨 쉬는 존재가 된다. 전순옥 의원에게도 소공인법은 그런 존재다. 반드시 태어나게 해야 할 생명체였고, 세상에 나온 뒤에도 부족한 곳은 없는지 세심하게 살피며 건강하게 성장시켜야 하는 자식 같은 존재 말이다.

"소공인법은 오랫동안 현장을 다녀본 끝에 내놓은 저의 답입니다. 그 현장이 대부분 낡은 건물의 지하, 아니면 건물의 후미진 곳에 있는 영세 소규모 공장들이거든요. 그런 곳에서 두세 명, 많으면 10명 내외의 기술자들이 모여서 일하고 있어요. 그중에는 30~40년 이상의 경력을 가진, 그야말로 장인, 명인 소리가 아깝지 않은 분들도 정말 많습니다. 전국에 이런 업체가 30여만 개에 달하고, 이 공장에 밥줄을 걸고 사는 사람들이 7대 도시에만 60만 명이 넘습니다. 큰 산업이지요. 그런데 정부는 이 산업에 한 번도 관심을 준 적이 없어요. 이렇게 많은 사람들이 수십 년간 지속시켜온 산업이라면 돌아봐야 할 분야임에 틀림없지 않은가요? 이분들을 위한 법 하나쯤은 있어야 마땅하고요. 소공인법은 이들이 지속적으로 일하고 먹고살 수 있도록 환경을 개선해주고, 다방면으로 지원을 하자는 내용을 담고 있습니다."

도시형소공인들의 작업 환경이나 노동 조건 등이 몇십 년 전에 비해 크게 나아진 것이 없는 데에는 그만한 이유가 있다고 한다.

"우리나라가 급속히 산업화된 배경에는 대량생산 시스템이 있었습니다. 1980년대까지만 해도 대규모 공장들이 많았어요. 그러다 1987년 이후 점점 줄어들면서 대량생산이 필요한 제조업은 중국, 베트남 등 인건비가 저렴한 나라로 이전하고, 일자리가 없어진 국내 기술자들은 부부가 같이 건물 지하에 공장을 차리는 식의 케이스가 늘어난 거지요. 오더 받아서 바로바로 만들어야 하는 일의 특성상 도시에 모여서 할 수밖에 없었고요. 가족만으로 꾸려가거나 직원 수가 평균 다섯 명 정도밖에 안 되다 보니, 이들은 노동조합으로 조직화되지 못하는 사각지대에 놓이고, 국가 정책에서도 아예 순위 밖에 있었던 겁니다."

소공인법의 출발점은 동대문이라고 할 수 있다. 동대문 하면 흔히 '동대문 패션', 즉 옷을 파는 시장을 떠올리지만, 사실 동대문시장은 국내 패션 관련업체의 70퍼센트가 모여 있는 명실상부 대한민국 패션 타운의 메카다. 1만 개가 넘는 봉제공장, 3만 9,000여 개의 패션 유통 상점이 모여 있고, 12만 명이 넘는 이들이 이곳을 중심으로 일하고 있다. 주문 - 제작 - 유통이 원스톱으로 이루어지는, 전 세계에서 거의 유일한 시장이

"이 산업이 발전해서 기술자들이 사회적으로 인정받는 게 중요합니다.
그렇게 될 때 이들이 생산하는 제품은 단순히 한 명의 기술자가 아니라
장인이 만들어내는 제품, 즉 고부가가치의 명품으로
발전할 수 있으니까요."

기도 하다. 더 자세히 말하면 업체 수 8만여 개, 하루 평균 약 60만 명이 몰리는 패션산업의 집적지로서, 지금 전 세계를 휩쓸고 있는 패스트패션(fast fashion)에 가장 적합한 인프라를 가지고 있는 곳이다.

그 모든 것을 제쳐두고라도 전순옥에게 동대문은 자신의 삶을 걸 만한 현장이다. 현대사의 한 맥을 잡아왔다고 해도 과언이 아닌 그의 가족의 히스토리가 전개된 곳이기 때문이다. 그에게 '동대문 사람들'은 친형제자매들이다. 그들의 삶의 터전인 동대문, 그들의 젖줄인 의류·봉제산업을 발전시키고 삶을 일으켜 세우는 일이야말로 자신의 소임임을 본능적으로 확신하고 있다. 동대문 사람들이 제대로 일할 수 있고, 다 같이 그 열매를 나눠 가질 수 있게 하는 일, 그게 전순옥의 미션이다.

그런데 세계 패션시장의 판도는 우리나라의 시장 지형을 아주 빠르게 변화시키고 있다. '싼값에, 빨리, 모두 판다'는 목표로 무장한 거대 의류기업과 유통업체, 글로벌 브랜드와 기업들에 밀려 국내 의류·봉제산업은 점점 구석에 몰리고 있는 실정이다.

전 의원은 마음이 급하다고 말한다.

"지금 이들 수십만 개의 공장이 죽어가고 있습니다. 제조업의 생태계가 해체돼가고 있어요. 서둘러 재조정에 나서지 않으면 오래 못 갈 거예요. 더 이상 방치하면 안 되겠다 싶어서 소공인법을 만들었고, 제대로 시행된다면 이 산업의 새로운 패러다임이 만들어질 거라고 믿습니다. 무엇보다 사람들에게 희망과 비전을 줄 수 있다는 게 중요해요. 워낙 오랫동안 정책적 사각지대에 방치돼 있던 이들이라, 자신들을 위한 법이 생겼다는 사실 자체에 벌써 힘을 얻더라고요. 지금까지 해오던 일을 발전시킬 수 있고, 가지고 있는 기술을 새롭게 펴볼 수 있겠다는 희망을 보는 거지요."

소공인법이 마치 '나를 위한 법'인 양, 이 분야 종사자들에게 자부심과 희망을 불어넣는 힘이 되고 있다는 이야기다.

"이 산업이 발전해서 기술자들이 사회적으로 인정받는 게 중요합니다. 그렇게 될 때 이들이 생산하는 제품은 단순히 한 명의 기술자가 아니라 장인이 만들어내는 제품, 즉 고부가가치의 명품으로 발전할 수 있으니까요. 그렇게 되면 기술자들은 자부심을 가지고 지속적으로 기술을 연마해서 자기 이름을 내걸고 좋은 제품을 만들고 싶어 할 것입니다. 이를 바탕으로 우리는 제조업을 다시 일으키게 되는 것이지요."

소공인의 미래, 이렇게 바꾼다
—

그렇다면 소공인법을 통해서 구체적으로 어떤 도움을 줄 수 있을까?

"세제 혜택이 가능해지는 것이지요. 그리고 정부에서 훈련 시스템을 만들어 기술자를 양성해서 공장으로 보내줄 수 있고요. 또 일정 범위의 지역 내에 동업종 공장이 50개 이상 있으면 '도시형소공인 집적지구'로 지정, 지원 센터를 설립해서 필요한 서비스를 제공하게 됩니다. 각종 설비, 시설물 등의 인프라를 확충하고 낙후된 공장 환경을 개선하는 데 필요한 자금 지원도 해주고요. 그리고 가장 중요한 지원책 중의 하나가 공동 마케팅 시스템을 마련해준다는 겁니다. 사실 봉제 쪽 소공인들은 대부분 하청업자나 마찬가지인데, 그들이 공동 매장을 만들어 판매까지 할 수 있게 된다면 의류제조업은 상당히 발전할 수 있을 거예요. 그 시스템의 일환으로 제가 국회 산업통상자원위원회(이하 산업위)에서 예산을 따내 동대문에 '르돔'이라는 의류·잡화 쇼룸을 만들었는데요. 아이디어와 기획력은 있는데 마땅한 장(場)이 없는 신진 디자이너들의 작품과 의류, 신발, 가방, 주얼리 등 패션 소공인들의 제품을 전시·판매하는 공간입니다. 이곳을 창구로 국내외 주문이 들어오면 일대의 공장들과 연결돼서 샘플 작업과 생산이 이루어지는 거지요."

소공인법이 통과·제정되는 과정에서 원안과 달라진 점도 있다. 원래는 서울, 부산, 대구, 광주, 인천, 대전, 울산 등 7대 특별·광역시의 소공인을 대상으로 해서 지역 단위별로 좀 더 특화·벨트화한다는 계획이었다. 그러나 국회 본회의 통과 과정에서 모든 도시와 지역으로까지 범위가 확대되었고, 법안명도 '도심형'에서 '도시형'으로 바뀌었다. 그리고 법안을 준비하는 과정에서 대상 범위도 상당히 늘어났다. 전 의원은 우리 제조업의 잠재력과 경쟁력을 가늠할 수 있는 더욱 정확한 데이터를 산출하기 위해 2013년 초부터 전국의 소규모 제조업을 대상으로 전수조사를 실시했다. 그 결과 의류봉제뿐만 아니라 수제화, 가방, 안경, 주얼리 및 액세서리, 인쇄, 금속가공업 등 도시에 집중적으로 몰려 있는 작은 산업들이 모두 포함되었다.

"손기술로 제조할 수 있는 모든 것이 포괄돼 있다고 보면 맞습니다. 손기술과 기계가 함께 사용되면서 재래식으로 발전해온 분야들이지요. 법안에 따르면 '노동 집약도가 높고 숙련 기술을 기반으로 하며 일정 지역에 집적하는 특성이 있는 제조업'으로, 상시 10인 이하 노동자들을 고용하고 있는 업체들이 소공인 지원 대상이 됩니다. 지금 기술자들이 중심이 돼 있는 이 산업의 가장 큰 문제는 얼마 못 가서 그들이 없어진다는 겁니다. 열악한 환경에서 일하고 싶어 하는 젊은이들은 없고, 그렇다고 스스로 투자해서 환경을 개선할 여력도 없고, 새로운 기술자를 훈련시켜서 자리 잡게 할 힘도 없어요. 하지만 정부가 거기에 잠재돼 있는 기술이나 노하우를 하나의 자원으로 보고 투자·개발한다면 가능성이 아주, 아주 큰 산업 분야지요."

2013년에 전 의원의 안내로 동대문 의류공장을 비롯해 이 지역 일대를 둘러본 산업통상자원부 장관과 산업위 소속 여야 의원들은 한목소리로 "이 산업을 다시 활성화시켜야 한다. 그동안 방치한 것은 어리석은 일이었다"고 말했다고 한다.

"사실 그동안 제조업이라면 자동차, 조선, 중공업 등 큰 것만 생각했지요. 손기술이 필요한 전통적인 제조업은 이제 안 된다고, 사양산업이라고 하지 않았습니까? 1980년대 말부터 계속 밀려나는 분위기였는데 미국이나 독일은 그렇지 않았지요. 패션산업의 선두 주자인 미국의 뉴욕은 패션 관련 제조업을 제자리에 앉혀놓기 위해 여러 정책적인 지원을 해주고, 독일은 연필 만드는 작은 공장까지도 흔들리지 않게 기반이 잘 잡혀 있더군요."

삼성, SK도 옷으로 돈 벌었다
—

의류·봉제산업만 놓고 볼 때 우리는 중진국으로 분류된다. 우리 뒤에는 페루, 캄보디아, 베트남 등이 있고, 우리 앞에는 이탈리아, 프랑스, 미국 등이 있다. 전자는 저임금 인력은 많지만 기술력이 없고, 후자는 뛰어난 기술력과 디자인을 바탕으로 세계적인 브랜드를 보유하고 있지만 생산라인이 없다. 그런데 우리는 양쪽을 다 가지고 있다. 해외 생산지역과 가격 경쟁을 할 만한 국내 생산라인도 100퍼센트 복구가 가능한 데다, 디자인 능력과 기술력도 좋고, 소규모 공장은 그 어느 나라보다 많다. 1970년대에 섬유 수출국으로 최정점에 있다가 내리막길을 걸어온 일본은 우리를 부러워한다. 그런데 우리가 가장 유리한 조건을 가지고 있다는 사실을 정작 우리 정부나 정책 입안자들만 모르고 있었다고 전 의원은 지적한다.

"여태 해오던 것처럼 방치나 다름없는 상황이 이어진다면 선진국처럼 좋은 브랜드도 하나 못 가지고 우리의 좋은 기술력을 그냥 사라지게 할 수도 있습니다. 우리도 자국 브랜드를 만들어야 합니다. 중견 기

"지속적으로 투자하고 개발했더라면 우리라고 30~40년 안에
세계적인 브랜드 하나쯤 안 나왔을까요?
그런데 자기들을 키워준 산업을 사양산업이라며 팽개쳐버렸고,
그 기업에서 일하던 이들은 거리로 쫓겨났지요."

업 수준의 토종 브랜드를 하나 만들어낸다면 글로벌 기업으로 키워내는 건 시간문제지요."

이 대목에서 전 의원은 섬유산업의 역사를 아주 조금만 거슬러 올라가 보자고 말한다.

"기업들이 처음에 무엇으로 돈을 벌었나요? 옷 만들어서 벌었습니다. 선경, 제일모직, 삼성, 엘지 등이 그 돈으로 조선소도 만들고 전자, IT산업 키우고 중공업, 건설산업으로 옮겨 갔잖아요. 그다음엔 어떻게 했나요? 옷으로 성장한 기업들이 자기 브랜드를 다 죽여버렸어요. 그리고 지금은 로열티 주면서 수입 옷을 가져다 백화점에서 팔고 있지요."

그는 왜 그러는지 정말 모르겠다고 말한다.

"만약 내가 재벌이라면 딱 10년만 투자하고 기획해서 우리나라 최고의 브랜드를 만들어 보이겠어요. 지속적으로 투자하고 개발했더라면 우리라고 30~40년 안에 세계적인 브랜드 하나쯤 안 나왔을까요? 그런데 자기들을 키워준 산업을 사양산업이라며 팽개쳐버렸고, 그 기업에서 일하던 이들은 거리로 쫓겨났지요."

하지만 소공인들은 결코 스스로를 버리지 않았다는 사실에 주목할 것을 당부한다.

"소규모 공장이 문을 안 닫는다는 것이 무슨 뜻인지 아세요? 요즘 자영업자들이 창업해서 폐업에 이르는 기간이 보통 3년이라고 하는데, 소공인들은 최소한 10년 이상 일을 해왔어요. 이들은 왜 쉽게 문을 닫지 못할까요? 최소한 이 일을 하면서 밥을 먹고 아이들을 학교에 보내고 살 수 있다는 뜻이지요. 전망이 있고 벌이가 되는 사업이라는 말입니다! 사실 의류·봉제산업은 결코 사양산업이 될 수가 없어요. 우리가 '의·식·주'라고 하잖아요. 옷 안 입고 사는 사람들이 있나요? 몸이 힘들고 큰돈은 못 벌지라도 계속 굴러간다는 것, 일단 그게 중요하지요!"

다시, 동대문으로
—

전순옥 의원은 1989년 영국으로 유학을 떠나 노동사회학을 공부하고 『They are not machines(그들은 기계가 아니다)』라는 논문으로 박사학위를 받은 후 2001년 귀국했다. 그리고 다시 동대문으로 들어가 '고학력 시다'가 되었다. 창신동, 이화동 부근의 8~9명 규모 봉제공장 세 군데에서 6개월 정도 일했는데, 그때 두 가지를 깨달았다고 한다. 하나는 '이 현장은 정말 하나도 안 바뀌었구나', 다른 하나는 '그래도 기술이 있으니 먹고살 수는 있구나'.

"정말 다 그런지 궁금해서 2003년 1월부터 창신동 봉제공장 500곳을 일일이 방문해가며 실태 조사를 했습니다. 대부분이 10년, 20년 이상씩 된 공장들이었는데, 많든 적든 일감은 있으니 유지를 하더군요. 사장들도 자신이 기술자니까 형편이 정 어려우면 직원을 내보낼지언정 문은 안 닫는 거지요. 그곳에서 일하는 40대, 50대 미싱사 아주머니들은 한결같이 기술이 있다는 걸 참 고마워해요. 기술이 없으면 식당일이라도 해야 하는데, 이 나이에 중국 동포들 틈에서 어떻게 하겠냐면서요. 그래서 생각했습니다. 어떻게 해야 이분들이 좀 더 기쁘게 일할 수 있을까……."

그는 이후 11년 동안 창신동을 지키며 참 많은 일을 했다. 2003년에 참여성노동복지터를 만들고, 2006년부터는 한국패션봉제아카데미를 설립, 봉제인들이 기술 업그레이드를 통해 저가 봉제가 아닌 고부가가치 제품을 만들 수 있도록 도왔다. 그리고 2008년에는 봉제아카데미 졸업생 20명을 모아서 '참신나는옷'이라는 사회적 기업을 만들었다.

"영국에서 노사관계 공부할 때 협동조합의 아버지로 불리는 로버트 오언(Robert Owen, 1771~1858)에 대해 알게 됐어요. 18세기의 산업혁명을 기점으로 영국과 스코틀랜드 일대에는 방적공장이 대거 생겨났습니다. 양털을 기계에 돌려서 울을 만드는 작업을 하는데, 양모 먼지가 쌓이면 기계가 안 돌아가니까 긁어내야 했어요. 네댓 살짜리 아이들이 그 일을 했지요. 몸집이 작으니까 기계 밑으로 기어 다니면서 양모 먼지를 긁어내는 거예요. 이런 현실을 개선하기 위해 오언이 당시로서는 매우 이상적인 산업 공동체를 만들었습니다. 하루 8시간 일하고, 하루 세 끼 꼬박꼬박 주고, 기본급 얼마 이상은 보장하고, 아이들을 가르칠 교사 다섯 명을 고용하고……. 기본을 갖추려고 노력한 거지요."

전 의원은 로버트 오언에 관한 자료를 읽으면서 정말이지 깜짝 놀랐다고 한다. 『전태일 평전』에 나오는 '모범기업'과 거의 흡사했기 때문이다.

"오빠가 생각한 모델도 자본금 3,000만 원으로 미싱 50대, 종업원 157명 규모의 공장을 만드는데 별도로 교사 다섯 명을 고용하겠다는 거였어요. 당시에는 초등학교도 졸업 못 한 사람이 많았으니까. 그런데 교사들 월급을 미싱사보다 조금 적게 준다는 단서를 달았어요. 미싱을 하고 옷을 만들려면 육체적으로도 힘들고 지적인 노력도 필요하지만, 교사는 주로 정신노동만 하기 때문이라는 거지요. 오언도 똑같이 했거든요. 오빠가 로버트 오언에 대해 알 수도, 그의 책을 볼 수도 없었을 텐데 어쩌면 그렇게 똑같은 생각을 했을까 싶더군요."

그렇게 오빠의 '모범기업'을 모델로 시작한 참신나는옷은 1일 8시간 근무, 휴일 보장, 4대 보험 제공 등의 원칙을 지키며 7년째 이어오고 있다. 전 의원은 참신나는옷이 봉제업체로서는 더없이 이상적인 시스템이지만 책임지고 운영하는 사람은 참 신나기는커녕 참 어려울 수밖에 없다고, 자신도 4년간 피 말리다 왔다며 웃는다.

"처음 3년은 기술 업그레이드에 주력했어요. 어떤 옷이든 맡길 수 있고 최고로 만들 수 있게끔. 그랬더니 조금 비싸도 품질은 잘 나온다고 소문이 나서 일감이 들어오더라고요. 물론 처음부터 맡기는 건 아니고요. 너무 비싸다며 다른 데 갔다가 나중에는 어쩔 수 없이 도로 찾아오는 거지요. 그렇게 만드는 게 목표였고, 그런 면에서는 어느 정도 자리를 잡은 것 같습니다."

그 경험을 통해 전 의원은 제조업 경영의 어려움을 절감했고, 소공인들의 고통을 더 잘 알게 되었다고 말한다. 일의 특성상 도시를 떠날 수가

경험을 통해 전 의원은 소공인의 어려움을 절감했고,
어떻게 하면 이들을 살리고
이 산업을 유지·발전시킬 수 있을지를 고민했다.
그가 국회에 첫발을 내딛는 순간에
이미 소공인법의 초안을 가슴에 품고 있었던 셈이다.

없는데 뉴타운이니 뭐니 도시 개발로 인해 땅값만 치솟고, 건물주는 툭 하면 쫓아내려 하고……. 그렇게 자꾸만 밀려나는 현실을 보며 어떻게 하면 이들을 살리고 이 산업을 유지·발전시킬 수 있을지를 고민했다. 그가 국회에 첫발을 내딛는 순간에 이미 소공인법의 초안을 가슴에 품고 있었던 셈이다.

흙 속에 묻혀 있던 진주들을 만나다
—

이 책에 소개된 아홉 명의 장인들은 그가 유학을 마치고 한국으로 돌아와 창신동을 중심으로 활동한 11년과 국회로 들어온 3년 동안, 직접 만나서 그 진가를 발견한 이들이다. 그중에서도 특히 봉제 장인 세 명은 전순옥 의원과 각별한 인연을 맺어왔다.

"김도영 선생을 처음 만난 건 2009년 2월, 참신나는옷을 만든 지 몇 달 안 됐을 때였어요. 어느 날 출근을 했는데 입구에서 어떤 아주머니 한 분이 서성대고 계시더군요. 어떻게 오셨냐고 했더니 신문에 기사 난 걸 봤다며, 나와 얘기하고 싶다는 거예요. 지금까지 미싱만 하면서 살아왔는데 당신의 삶을 바꿔보고 싶다, 봉제아카데미에서 강사도 하고 싶고, 사회적 기업에서 일해보고 싶다고. 제가 그랬지요, 정말 좋은 생각이라고. 그런데 일단 아카데미에서 교육을 거쳐야 강사도 되고 여기서 일할 수 있다고요. 그 후 실제로 아카데미 수료하고, 1년 가까이 보조 강사를 하면서 우리 회사에 와서 일도 했어요. 그러다 메인 강사가 되고, 독립해서 공방을 운영하고 있습니다. 지금도 늘 얘기해요. 봉제아카데미와 연을 맺으면서 자기 인생이 바뀌었다고. 긍지를 가지고 즐겁게 일하며 가르치고 계시지요."

3장에 소개한 '토털 의류기술자' 한상민 씨도 봉제아카데미를 통해 처음 알게 되었다.

"2006년에 아카데미를 만들 때만 해도 강사진은 주로 일반 대학이나 전문대 교수였어요. 그런데 한 학기 해보니 도저히 안 되겠더군요. 이미 10~20년 일을 해온 분들이 기술 업그레이드하려고 오는 건데, 현장 출신이 아니면 제대로 가르칠 수가 없었던 거지요. 그래서 준패션공장이 많다는 장안동으로 가서 정말 일 잘하는 기술자를 강사로 찾고 있다고 했더니 한상민 선생을 소개해줬습니다. 그런데 이분이 얼마나 순진한지, 처음에는 얼굴이 빨개져서 학생들 앞에서 자기 이름 석 자도 말을 못 하는 거예요. 그래도 말로 설명하는 건 서투르지만 기술을 가르칠수는 있겠다, 가르쳐보겠다고 하더군요. 워낙 기술이 뛰어난 분이라 교육받으러 온 아주머니들이 참 좋아했어요."

현재 봉제아카데미 이사인 장효웅 씨도 전 의원이 어느 매체와 인터뷰한 기사를 보고 찾아왔다고 한다. 눈물을 글썽이며, 분노로 가득 차서, 누구보다 열심히 일하고 최고의 기술을 연마해서 우리 경제 발전에 이바지했는데도 왜 세상은 우리 같은 기술자들을 홀대하는지 모르겠다며 그동안 맺혔던 이야기를 절절히 토해냈다. 그 만남을 계기로 억대 연봉의 패턴 장인인 그가 회사를 다니면서 아카데미의 강사로 8년을 몸담았고, 퇴직 후 이사로 일하고 있다.

그 밖에도 수많은 숨은 진주들을 만나면서 전 의원은 이들을 세상 앞에 당당히 세우기로 마음먹었다. 그 시작은 2006년 12월 2일, 제1회 수다(手多)공방 패션쇼였다.

"각자 자기가 만든 옷을 입고 무대에 서라고 했어요. 그랬더니 다들 안 나가겠다는 거예요. 저더러 대표님은 뭐만 했다 하면 신문에 나가는데, 그럼 자기들이 미싱사라는 것까지 다 나오니까 안 된대요. 딸 남자 친구, 사돈…… 숨기고 사는데 다 알게 된다고요. 심지어 저에게 언론에 이름 석 자 나려고 자기들을 이용하지 말라는 소리까지 하더군요. 정말 마음이 아팠지요."

그런다고 뜻을 굽힐 그가 아니다. 아주머니들을 이끌고 1박 2일 '워크숍'을 갔다. 원래는 충북 괴산으로 갈 예정이었지만 비가 너무 많이 오는 바람에 차를 돌려서 일산의 한 찜질방으로 갔다. 전 의원은 얼마 전에 본 유방암 환우들의 핑크리본 패션쇼 기사를 이야기하며 진심을 다해 그들을 설득했다.

"암에 걸려 유방을 잃은 몸으로 패션쇼에 선다는 게 얼마나 어려웠겠냐, 하지만 가슴이 없어도 나는 엄연히 여자고, 여전히 나라는 걸 말하기 위해 용기 내서 한 것이다, 여러분도 둥지를 깨고 나와야 한다고 얘기했어요. 자신감을 가져라, 기술이 있으니까 아들딸 교육시켰고, 그

자식들이 좋은 배우자 만났으니 잘난 사돈도 있는 거다, 그런데 어떻게 평생 부끄러워하며 살 거냐고요. 모두에게 이 기술 가지고 사는 게 얼마나 자랑스러운지 모른다고 얘기하라고 했지요."

설득 끝에 열린 패션쇼는 모두가 놀랄 만큼 성황리에 치러졌다. 2,000명이 넘게 와서 행사장에 다 못 들어올 정도였다고 한다. 쇼가 끝나고 무대는 아주머니들의 눈물바다가 되었다. 결혼하고 처음으로 남편, 자식들에게 꽃다발을 받아봤다며 웃다가 또 울었다. 그날을 계기로 의욕과 자신감이 넘친 그들은 패션쇼 더 하고 싶다, 다음에는 딸과 함께 무대에 서겠다고도 했다.

전 의원이 시도한 자신감 키우기 2단계는 '이력서 쓰기'였다. 1기 졸업생들 중 많은 이들이 아카데미 강사가 되었는데, 그들을 데리고 2009년 12월에 제주도에서 2박 3일간 이력서 쓰기 워크숍을 한 것이다.

"사실 이분들은 매일 자기 경력을 속이며 살아왔어요. 하지도 않은 중학교 졸업했다, 고등학교 졸업했다 하면서 경력을 3~6년씩 깎아먹은 셈이지요. 그래서 솔직히 다 쓰라고 했어요. 몇 살에 처음 공장 들어가서 시다 몇 년, 미싱은 언제, 아동복인지 숙녀복인지 구체적으로 하나하나 경력을 쓰라고요. 가방끈 긴 사람들이 이력서에 자기 스펙을 얼마나 자세히 쓰냐, 다들 그걸 보고 인정하는 거다, 그런데 여러분은 그냥 어디서 10년 했다, 20년 했다 식으로 얼버무리니까 다들 못 믿고, 경력 인정 안 해주고, 월급 적게 주려고 하는 거다, 이력서를 통해 내 기술과 내가 살아온 인생을 다 증명하라고요."

그렇게 설득했는데도 다 속이더라고 했다. 영영 안 바뀌려나 싶었지만 2011년부터 변화하기 시작했다. 봉제아카데미 교육생을 모집하기 위해 3회에 걸쳐서 강남 학원들처럼 설명회를 개최했는데, 한 번에 100명 이상씩 참석했다고 한다. 설명회를 앞두고 전 의원은 강사들에게 각자 가르치는 분야에 대해 자랑할 수 있을 만큼 하라고 했다.

"지금도 그날을 잊을 수가 없어요. 저는 뒤에 앉아 있고 강사들이 한 명씩 앞에 나와서 자기소개를 했지요. 그런데 그 부끄럼 많던 한상민 선생이 '저는 초등학교 나왔습니다. 광주 어느 양복점에서부터 일 시작해서 30몇 년 됐습니다' 하는 거예요. 그 얘기를 듣는데 눈물이 왈칵 쏟아지더군요. 드디어 자기 자신이 돼가고 있구나 싶어서 말이지요. 그렇게 물꼬가 트이더니 그동안 죽어라 속이던 다른 선생들도 자기를 다 드러내 보였습니다. 비로소 진정으로 자신을 자랑스러워하는 모습을 보니 얼마나 반갑고, 아프고, 눈물겹던지……."

물론 기술자는 학력으로 자신을 증명할 필요가 없다. 무엇을, 얼마나 잘 만들어낼 수 있는지, 그것이 기술자가 가진 전부이고, 그들이 인정받기에는 그것으로 충분하다. 다만 전 의원은 그들이 자신의 기술뿐만 아니라 기술로 살아온 자기 삶 전체를 온전히 수긍하고 자부심을 갖기를 바란 것이다. 이 책은 바로 그런 과정을 거쳐서 세상에 '나는 장인'이라고 말할 수 있게 된 사람들의 이야기다.

"정치인이 어떤 생각, 어떤 철학을 가지고 세상을 바꾸자고 하면
비록 전부는 아니어도 중요한 것은 바꿀 수 있겠구나 싶고,
이런 일을 할 수 있다는 게 얼마나 큰일인지 새삼 놀라고 있습니다."

오빠는 내 삶의 영원한 백그라운드,
그러나 내 방식을 포기하지 않겠다
—

전순옥은 그가 속한 산업위는 물론이고 국회 전체를 통틀어서도 일 잘하는 의원으로 꼽힌다. 그동안 노동·인권, 산업·중소기업, 공공기관, 민생 분야 등에 걸쳐 그가 대표 발의한 법안만 68개. 그중에서도 소공인법은 그의 의정 활동을 대표하는 법이며, 실제로 2014년 입법 및 정책개발 우수의원 선정, 『머니투데이』 주관 '제1회 대한민국 최우수법률상' 수상 등을 통해 그 가치를 인정받았다. '입법기관'인 국회의원으로서 최고의 평가를 받은 셈이다. 이미 그 자신이 10여 년간 현장에서 일하면서 '법'의 담장이 얼마나 높은지 절감한 터다. 제안을 받고 국회에 가기를 머뭇거리는 그에게 사람들이 말했단다. "가세요! 거기 가면 많은 일을 할 수 있잖아요!"라고.

"국회의원이 일을 하려고 들면 참 많이 할 수 있겠구나 싶어요. 법을 만든다는 것이 얼마나 중요한지 깨닫게 되는데요. 법이 없으면 정부나 지방자치단체가 하고 싶어도 할 수가 없어요. 법을 만들어놓으면 반드시 그렇게 해야 하는 것이고요. 정치인이 어떤 생각, 어떤 철학을 가지고 세상을 바꾸자고 하면 비록 전부는 아니어도 중요한 것은 바꿀 수 있겠구나 싶고, 이런 일을 할 수 있다는 게 얼마나 큰일인지 새삼 놀라고 있습니다."

소공인법의 탄생은 그가 의원이 된 직후 '한국패션산업그린포럼'이라는 국회 내 모임을 구성하면서 시작되었다(정세균 의원이 그와 함께 공동 대표를 맡고 있다). 그리고 법학연구원, 중소기업중앙회연구원 등과 머리를 맞대고 '도시형소공인'이라는 새로운 개념을 만드는 데 가장 큰 공을 들였다. 오랫동안 '소상공인'이라는 명칭으로 한데 묶어왔지만, 사실 전통시장 상인이나 일반 자영업자 등 소상인만 지원했지 소공인만을 위한 정책은 거의 없었다. 하지만 그는 치밀한 연구 조사와 끈질긴 설득을 통해 소상인과 소공인을 개념적·행정적으로 분리시키고, 중소기업청 내에 '소공인실'이라는 큰 조직이 신설되도록 이끌었다.

그는 소공인법의 제정을 위해 여야 가리지 않고 가능한 한 많은 의원들에게 법안의 취지와 중요성을 설명하고, 함께 현장을 둘러보며 공감을 끌어냈다. 국민들에게 더 많은 혜택이 돌아가게 하려면 꼭 그렇게 해야 한다고 믿었다. 또 법이 제정되기는 했지만 시행하자면 각 부처의 협력을 얻어야 한다. 그는 이미 국회 내에서 여야 모두에게 '균형 감각이 있는 사람'으로 통한다.

"제 삶의 백그라운드를 보고 강성에다 자기주장만 내세우는 사람일 것이다, 대화하기 어려운 상대일 거라고 짐작했다는 사람들이 많았어요. 그런데 만나보면 다르다고 말해요. 좋은 일이지요?"

어떤 이들은 그가 노동계의 기대를 저버렸다고도 했다. 국회에 들어가면 당연히 환경노동위원회(이하 환노위)로 갈 거라고 예상한 사람들도 많았다.

"물론 섭섭하다는 소리 있다는 거 알고 있습니다. 국회의원 되면 환노위에 가서 두쟁하고, 파업 헌장에서 앞장서기를 바라는 이들이 있다는 것도 잘 알고요. 하지만 저에게는 제 방식이 있습니다. 그렇다고 노동 쪽을 배제하자는 건 절대로 아닙니다. 저는 '근본적인 문제 해결'에 집중하고 싶어요. 지금 수면 위에 떠오르는 문제들만 보고 그것만 건져내는 방식으로는 안 된다고 봐요. 원인을 제거해야지요. 시간이 걸리겠지만 그 작업이 중요하다고 생각합니다. 그것을 하기 위해 조용히 일해왔고요."

그는 기존의 틀에 자신을 끼워 맞추지 않을 것이라고 말한다. 전순옥은 이렇게 살아야 한다, 전순옥은 이렇게 발언해야 한다 등 세상이 만들어놓은 틀에 자신을 넣어버리면 새로운 발상은 불가능하다는 것을 알기 때문이다. 하지만 전순옥 의원에게 오빠 전태일은 이 모든 발상의 근원이다.

"제 삶의 백그라운드 전체가 오빠지요. 아무리 오래전 일이라 해도 변하지 않는 사실이에요. 제가 오빠나 어머니의 삶을 꼭 그대로 따라 살지는 않았지만, 제가 지금 이런 생각, 이런 일을 하는 근본이라는 건 분명해요. 그저 방법이 좀 다른 것뿐이지요. 그때와 지금은 시대적인 환경도 달라져 있으니까요."

전 의원은 소공인법이 그동안 숨죽여 살아온 소규모 제조업 종사자 모두에게 새로운 시작점, 꿈의 출발점이 될 거라고 자신한다.

"마틴 루터 킹 목사가 꿈을 얘기했지요. 사람들이 피부색이나 자신이 가진 것으로 판단받지 않고, 흑인과 백인이 함께 손을 잡고 한 테이블에서 식사를 나누는 날이 오는 꿈, 결국 이뤄냈잖아요. 저도 그런 꿈을 꾸려고요."

세계 어디를 가든 우리 브랜드 옷을 입은 사람들을 쉽게 볼 수 있고, '메이드인 코리아' 가방, 구두, 신발, 주얼리가 세계 제일이 되고, 그 제품을 만드는 기술자들이 자부심을 가지고 즐겁게 일할 수 있는 날이 오리라는 꿈! 오빠가 불꽃을 살랐고, 어머니가 땅을 다졌고, 누이동생은 이제 꽃을 피우려는 참이다. 한 가족이 쓰는 노동의 역사가 바야흐로 동대문을 휘감으며 우리나라를 크게 한번 바꾸어놓을 것 같지 않은가!

내 숨결과 미싱이 한 호흡으로 흘러갈 때, 더없는 평온이 찾아온다

김도영(봉제 장인, 경력 43년)

정직한 두 손으로 구두 만드는 일, 서울대 졸업장과도 안 바꾼다

유홍식(구두 장인, 경력 55년)

일하는 사람이 행복해야 아름다운 물건이 만들어진다

김종은(가방 장인, 경력 42년)

01
—
기술은 결코
배신하는 법이
없습니다

김
도
영
—

봉제 장인,
경력 43년

내 숨결과 미싱이 한 호흡으로 흘러갈 때,
더없는 평온이 찾아온다

—

1959년	부산 출생, 세 살 무렵 서울로 이사
1973년	14세에 동화시장(현 평화시장 옆) 봉제공장에서 시다 생활 시작
1978년	6년 만에 재봉사가 되어 미싱을 타다
1999년	나이 마흔, 검정고시를 보다
2011년	한국패션봉제아카데미에서 강사 활동 시작
	같은 해에 개인 작업실을 열다
현재	강사로서 기술을 가르치는 일에 보람을 느끼며 개인 작업실에서 꾸준히 한길을 걷고 있다

지상의 작업실 한 칸

—

　동구 밖쯤 당도했을 봄 때문에 더욱 춥게 느껴지는 2월 어느 날, 신설동역에 내려 골목길을 따라 걸었다. 작은 가게들이 어깨를 곁듯 서로의 처마를 의지한 채 올망졸망 이어져 있고, 가게 주인들이나 지나가는 사람들이나 한편 무심한 듯하면서도 주변에 대한 경계심 따위는 찾아볼 수 없는, 사람도 건물도 골목을 지키는 담벼락처럼 자연스럽게 환경의 일부로 녹아든 곳.

　1980년대 어느 무렵에서 시간이 멈춘 듯한 이 골목은 창신동과 더불어 우리 현대사의 빛과 그림자를 한 몸에 품고 있는 공간이다. 우리나라 의류·봉제산업의 젖줄로, 평화시장을 비롯해 동대문 일대 패션산업을 지탱하는 힘이 여기에서 나온다. 구불구불 이어진 골목 어디선가 쉼 없이 미싱 소리가 들리고, 날마다 만들어지는 수많은 옷들이 매일같이 나라 안팎으로 실려 나간다.

　올해로 43년째 이 골목을 지켜온 김도영 장인의 작업실을 찾아가는 길이었다. 40여 년 동안 하루도 미싱 앞을 떠나지 않은 이의 삶이란, 또 그 세월 동안 그의 눈에 비친 세상의 변화는 어떤 모습일지 짐작조차 하기 어려운 채로.

　그의 작업실은 어느 아담한 건물 2층이었다. 내부는 재단대와 재봉틀, 옷감을 넣어놓은 선반으로 꽉 차 있었다. 그는 작업실이 누추하다며, 인터뷰는 분위기 좋은 커피숍 같은 데서 해야 하는데 불편해서 어떡하냐고 연신 미안해했다. 하지만 건물 앞에서 그를 만나 계단을 '오르는' 순간부터 나는 이미 충분히 황송해하고 있었다. 대부분의 봉제공장들이 그렇듯 으레 지하겠거니 했는데 '지상의 작업실'이라니! 더욱이 조명도 밝고, 다녀본 곳들 중에서는 최상급에 속하는 작업장이었기 때문이다.

다만 좀 추웠다. 난방이 안 되는 건물이라 작년에는 그냥 지내다가 올해부터는 조그만 석유난로를 피우고 있다고 한다. 그래도 작업을 하기에 충분히 따뜻하다는 생각이 들지는 않았다.

김도영 씨는 차를 한잔 내주고는 일을 해야 한다며 바로 재단대 앞에 섰다. 나는 재단대 가까이, 그러나 일에 방해가 되지 않도록 옆쪽에 가만히 자리를 잡고 앉았다. 그는 쓱쓱 삭삭 옷본에 맞춰 천을 잘라내기 시작했다. 한 치의 거침도 없는 손놀림, 길이 잘 든 가위 소리.

나는 기술자, 영원한 현역

——

항상 일감이 많은 편인가요?

"아뇨. 요즘이 1년 중 제일 한가한 때예요. 12월부터 2월까지요. 그래도 드문드문 맞춤옷 의뢰가 들어와서 노는 날은 별로 없어요. 이건 여성용 패딩 코트인데, 천연 염색한 옷감에 솜을 넣어서 만드는 거예요."

지금 50대 중반이시지요? 재봉 경력이 40여 년이라면, 언제부터 이 일을 시작하신 건가요?

"초등학교 마치자마자 바로 이쪽으로 들어왔지요. 그때만 해도 동네 엄마들이 모여서 '누구네 집 딸은 어디 취직했는데 월급 많이 타 왔다더라'는 얘기를 많이 했어요. 그런 말을 들을 때마다 '나도 어서 학교 마치고 돈 벌러 가야지' 하고 생각했어요. 딸내미들은 초등학교만 졸업하고 취직하는 게 당연하던 시절이었으니까요."

처음 취직한 곳은 어디였나요?

"동화시장이라고, 평화시장 옆에 있는 시장에서 봉제일을 시작했어요. 남들처럼 시다(보조) 생활부터 시작했지요. 미싱사 옆에서 박음질하기 직전 과정을 도맡아 하다가 어느 정도 인정받으면 소위 미싱을 타게 돼요. 재봉틀에 앉아서 본격적으로 바느질 작업을 맡는 걸 '미싱 탄다'고 하거든요."

예전에는 미싱을 타기까지가 쉽지 않았잖아요.

"선배 미싱사들이 잘 안 가르쳐주려고 하니까요. 우리같이 처음 일 배우는 처지에서는 점심시간에라도 잠깐 앉아보려고 눈치도 보고, 비위도 맞추고 별짓 다 하는데 허락을 안 했지요. 저도 시다로 5~6년 고생했어요. 막상 일 배우는 것보다 마음고생을 더 많이 한 것 같아요."

요즘도 그런가요?

"아이고, 요즘은 배우려는 사람이 없어서 문제지, 배우겠다고만 하면야 얼마든지 가르쳐주지요. 그때는 밥만 먹여주면 무슨 일이든 하던 시절이니까……. 그 대신 그렇게 배운 기술이 몸에 익어서 인제 웬만한 일은 무섭지가 않아요. 요즘처럼 미싱만 바로 배운 사람들은 하던 거 아니면 다른 일은 못 하거든요. 하지만 우리는 뭘 줘도 다 해요. 속도나 품질 면에서 머뭇거리는 게 없지요."

일에 대한 자부심이 대단하신 것 같습니다.

"솔직히 그전에는 어디 가서 봉제일 한다는 말을 쉽게 못 꺼냈어요. 창피했으니까요. 다들 저 아래로 보는 게 있었으니까……. 저도 공순이라는 말 듣는 게 상처였어요. 사람들은 제품하고 인쇄 쪽 일을 하는 사람들을 무시하고 그랬지요. 사실 대우도 못 받았고요. 하지만 이젠 친구들도 다 부러워해요. 이 나이에 내 일을 가지고 있으니까요. 이 일은 내가 건강하기만 하면 언제까지든 현역으로 할 수 있어요. 그래서 지금은 기술을 가지고 있다는 게 여간 고맙고 뿌듯한 게 아니에요."

지금은 그렇지만 돌아보면 한스럽달까, 후회되는 것도 있지 않나요?

"딱 하나, 공부 제때 못 한 게 두고두고 가슴에 맺혔지요. 어릴 때 '몇 년만 열심히 벌어서 학교 가야지, 가야지' 했는데 끝이 안 나더라고요. 그때도 귀 열린 이들은 야학도 찾아다니고 그랬다는데, 전 그런 기회도 못 얻었어요. 공장에서 누가 그런 눈치라도 보이면 사장이 나가라고 하니까, 분위기 버린다고요. 결국 진학을 못 하고 일만 열심히 했지요. 그런데 살다 보니 이건 도저히 아니다 싶었어요."

그때가 언젠가요?

"마흔이요!(웃음) 그때 검정고시를 봤어요. 더 미루면 한이 될 것 같아서, 가슴에 맺혀서 눈을 못 감을 것 같더라고요."

01 기술은 결코 배신하는 법이 없습니다

그는 쓱쓱 삭삭 옷본에 맞춰
천을 잘라내기 시작했다.
한 치의 거침도 없는 손놀림,
길이 잘 든 가위 소리.

김도영 씨는 지금도 공부해야지 하는 생각밖에 없다. 미싱 앞에 앉아 있는 시간이 절대적으로 많아서 공부할 시간 내기가 쉽진 않지만, 꼭 해내자고 마음을 다잡는다. 공부해서 좋은 글을 써보는 게 소망이란다.

단가 경쟁이 판치면 기술자도 설 곳이 없다
—

그는 긴 세월 봉제 쪽에서 단련된, 자타 공인 고급 숙련 재봉사다. 그런데 업계에서는 김도영 씨처럼 좋은 기술을 가진 재봉사들이 절대적으로 부족하다며 어려움을 호소한다. 분명히 수요가 있는데 공급이 안 되는 이유가 궁금했다.

"사실 돈만 생각하고 품질보다는 수량 위주로 일하는 이들이 많다는 점, 인정해요. 하지만 모순이 있어요. 품질은 좋게 해달라면서 단가는 싸게 하자고 하니 그게 문제라는 거지요. 저한테 오는 디자이너들만 해도 그래요. 많이들 오는데, 실컷 얘기해놓고 결국은 싸게 해주는 곳을 찾아가더라고요. 우리가 옷을 정성껏 만들어준다는 것은 그만큼 시간을 더 투자한다는 것 아닌가요? 좋은 품질의 옷을 만들고 싶으면 공임(工賃, 품삯)에 투자해야 하는데, 그렇게는 안 하려고 해요. 들이는 정성만 놓고 보면 판매가의 절반을 우리에게 줘야 맞지 않나요? 그런데 예전부터 왜 생산 라인에서만 가격을 낮추려고 하는지 모르겠어요, 정말."

지금 만드시는 옷은 공임이 얼마나 되나요?

"10만 원 정도예요. 이 옷은 겉감, 솜, 우라(안감)까지 재단을 세 번 하는데 그 정도면 결코 비싼 게 아니거든요. 하지만 객공(客工, 임시로 고용한 직공)으로 일하는 분들은 단가를 훨씬 더 싸게 받아요. 그날 일한 수량에 따라 돈을 받는 객공은 정말 기계처럼 일해야 해요. 어떻게 그렇게 싸게 받고 하는지 모르겠어요. 예를 들어 재킷 하나에 봉제 공임을 8,000원에서 1만 원 정도 받아요. 남자 코트 하나에 2만 원 정도일걸요? 참 어이없는 일이 많지요. 하지만 일이 없을 때는 이렇게 단가가 낮아도 서로 하겠다고 나서니까 문제지요. 우리가 단합해서 이 가격에는 안 하겠다고 해야 하는데, 지금으로선 그런 형편이 안 됩니다. 이쪽에서 안 하겠다고 해도 저쪽에서 누군가가 그럼 그 가격에라도 맡겠다고 하는 식이니, 공임이 낮아질 수밖에요."

제대로 된 기술자는 드물어도 어쨌든 봉제하시는 분들은 많다는 얘기군요.

"맞아요. 우리 봉제업이 참 대단한 산업인 건 분명해요. 창신동, 신당동, 미아리 주변 인구들 중에 많은 사람들이 이 일을 하면서 아이 키우고 먹고사는 걸 보면 엄청난 규모의 산업이라는 생각이 들거든요."

요즘 제조업은 외국인 노동자들의 비중이 높은데, 봉제 쪽은 어떤가요?

"여기도 마찬가지예요. 옷 만드는 일은 늘 손이 필요한데, 우리나라 사람들은 점점 그런 일을 안 하려고 하니까요. 저도 100장 단위로 대량 주문이 들어오면 다른 사람 손을 빌려요. 주로 베트남 분들을 쓰는데, 이분들이 참 잘해요. 감각도 있고, 다른 외국인들보다 손재주가 제일 나은

"우리 봉제업이 참 대단한 산업인 건 분명해요. 창신동, 신당동,
미아리 주변 인구들 중에 많은 사람들이 이 일을 하면서
아이 키우고 먹고사는 걸 보면 엄청난 규모의 산업이라는 생각이
들거든요."

것 같아요. 그래서 도움을 많이 받아요. 그분들은 평일에 다른 직장 다니고 주말에 아르바이트 삼아 와요. 참 성실하게 일하는 분들이지요. 이번 설에 다들 돌아간다는데 앞으로 어떻게 하나 싶어요."

봉제산업에 새로 유입되는 인력 중에 우리나라 사람은 별로 없겠군요.

"요즘은 한국 사람들 안 쓰려고 한다는 말도 있어요. 임금도 높고 이것저것 따지는 게 많다고. 게다가 요즘 대량으로 옷 만들어 파는 H&M 같은 데 가보면, 디자인도 예쁘고 가격도 싸고 그렇잖아요. 외국에서 만들어 온다고 하는데, 우리로서는 그 가격에 어떻게 만들어 오는지 모르겠어요. 이해가 안 되는 부분이에요. 이런 옷들하고 경쟁해야 하는데, 우리 봉제산업이 어디로 어떻게 가야 하는 건지 참 안타깝지요."

김도영 씨가 패딩 처리된 천 조각을 들고 미싱 앞에 옮겨 앉는다. 재단이 끝났으니 이제 재봉을 할 차례인 것이다. 오려놓은 옷감을 이리저리 맞추더니 바로 박음질에 들어간다. 다르르, 다르르…… 미싱 돌아가는 소리가 부드럽게 깔린다.

희망을 보려면 절망을 건너야 한다

———

"어떤 때는 이 미싱 돌아가는 소리에 저도 모르게 빠져들 때가 있어요. 고통스럽고 힘들고 피곤하다가도, 시간이 지나면 어느새 이 소리가 편하게 느껴지거든요. 도통한 건가요?(웃음) 정말이지 지금은 미싱 할 때 마음이 제일 편해요. 전에 잠깐 보험회사도 다녀봤는데, 그때는 그쪽 사람들이 왜 그렇게 잘나 보이던지…… 나도 저런 일을 해봐야겠다 싶어서 찾아갔지요. 하지만 저와는 잘 안 맞는 일인 것 같아서 그만뒀습니다. 무엇보다 마음이 안 편했어요. 미싱 할 때야 고작 머리 쓴다는 게 하루에 몇 장을 더 만들어낼 수 있나 그런 건데, 그쪽은 전혀 다른 세상 같아 보였어요."

학생들도 가르치시는데, 그거야말로 잘나 보이는 일 아닌가요?(웃음)

"제가 좀 별난 버릇이 있어요. 해마다 일거리가 뜸해지는 겨울이 되면 뭔가 좀 더 나은 일이 없을까 하고 찾아 나서곤 하지요. 평생 봉제일을 해오면서 '내가 하는 일은 왜 이리 대우를 못 받나' 하는 생각에 늘 가슴이 답답했거든요. 그러다 6년 전 이맘때, 우연히 한국패션봉제아카데미를 소개한 기사를 보고, 곧바로 당시 장충동에 있던 '참여성복지터' 공방을 찾아갔지요. 그리고 당시 복지터 대표였던 전순옥 의원님을 붙잡고 다짜고짜 이렇게 말했잖아요. '저도 같이 일하고 싶습니다. 제가 어떤 일을 할 수 있을지 말씀 좀 해주세요!'"

저도 그날을 생생히 기억합니다.(웃음)

"얘기를 나눠보니 의원님 마인드가 늘 제가 생각하고 꿈꾸던 것이었어요. 내가 해온 일로 뭔가 보람 있는 일을 할 수 있겠다 싶더군요."

그래서 제가 봉제아카데미에서 학생들에게 봉제 기술을 가르쳐보면 어떻겠냐고 제안했었지요?

"맞아요. 그전에 먼저 강사 프로그램을 이수하라고 권유하셨지요. 봉제 기술과 가르치는 기술은 또 다르니까. 그래서 6개월간 교수 방법이나 이론 등 교육 프로그램을 마치고 강사를 시작해서 5년째 아카데미에서 교육생을 가르치고 있어요. 개강하면 일주일에 2~3일 수업이 있는데, 방학인 요즘은 이주 여성들을 위한 센터 '디딤터'에서도 재봉 교육을 하고 있지요."

직접 학생들을 가르쳐보니 어땠던가요?

"보람을 많이 느끼지요. 다들 고등교육까지 받은 분들이 봉제 기술을 배우러 오는 것을 보면서, 이 기술이 이렇게 좋은 것이었구나 싶어 고마운 마음이 들어요."

학생들의 연령대나 수료 후 취업 현황은 어떻습니까?

"주로 30~40대지요. 봉제 기술은 배우는 데 나이 제한이 없고, 또 기술을 배우고 나면 취직하기도 까다롭지 않으니까요. 그런데…… 취직을 해도 버텨내는 게 그렇게 어려운가 봐요. 기술만 익히면 수입이 어느 정도 되는데도, 실제로 일하는 사람들을 보면 여전히 한국인은 별로 없고 외국인이 많아요. 취업을 목적으로 배워놓고도 대우 면에서 못 견디겠다고 그만두니까요. 교육할 때 늘 그 정도는 견뎌내야 한다고 얘기하는데, 요즘은 참고 견딘다는 걸 이해하지 못하는 것 같아요."

기술을 배워도 활용을 못 하니 안타까우시겠네요.

"속상한 거야 말도 못 하지요. 다들 기술은 그저 '배우는 것'으로만 생각하는데, 그 기술이 정말 자기 것이 되려면 현장에서 많은 경험을 쌓아야 해요. 하지만 그 과정을 못 견디니 애써 배운 것도 말짱 도루묵이 될 수밖에요."

좀 더 현실적인 감각이 필요하다는 말씀이군요.

"우리는 시장과 연결돼 있으니 거래처에서 원하는 수량을 맞춰줘야 해요. 바쁘면 밤 12시 넘어서까지도 일해야 하거든요. 솔직히 장사라는 게 팔리는 시기가 있잖아요. 그때를 맞춰줘야 하는 게 우리 일이고요. 그런 데서 생각의 차이가 생기는 거지요. 기술 배우면서 내 권리 찾겠다고 6시 칼퇴근을 꿈꾸고 오는데, 사실 생산 라인이 그렇게 해서는 돌아가질 않거든요. 간혹 처음부터 너무 큰 기대를 갖고 오는 분들도 있어요. 옷먼지와 실밥 날리는 현장에서 '저 사람은 꿈꾸고 있나' 싶을 정도로……."

그래도 작업 환경을 개선할 필요는 있지 않을까요?

"물론이지요. 우선 작업장이 개선되면 새로운 세대들이 유입될 수 있지 않을까 하는 희망이 생길 것 같아요. 인격적인 대우도 문젠데, 예전에 비하면 많이 좋아졌지만 아직 적응하기 어려운 부분이 있고요."

저는 잠깐 있다 가는 사람인데도 작업실이 2층이라고 해서 솔직히 반가웠습니다. 봉제 작업장은 대부분 지하에 있으니까요.

"우리 봉제하는 사람들은 다른 사람들하고 섞어놔도 금방 표가 나지요. 뭐랄까, 사람들이 햇빛을 못 보고 장시간 오래 앉아 지내니까 시든 화초처럼 생기가 없어요. 전에 지하에서 2년 일했는데, 건강이 안 좋아져서 이제는 절대로 지하에 작업실을 내고 싶지 않아요."

이 기술은 결코 배신하는 법이 없습니다

"해마다 일거리가 뜸해지는 겨울이 되면
뭔가 좀 더 나은 일이 없을까 하고 찾아 나서곤 하지요.
평생 봉제일을 해오면서 '내가 하는 일은 왜 이리 대우를 못 받나' 하는
생각에 늘 가슴이 답답했거든요."

내 자존심은 속도가 아니라 품질

—

그의 손놀림은 눈으로 도저히 따라잡을 수가 없었다. 박음질을 시작했나 싶은 순간, 어느새 옷 한 벌이 형태를 갖추며 재봉대에 살포시 내려앉는다. 나는 박음질이 끝난 밑단 부분이 걸리지 않게, 작업대 아래쪽으로 옷감을 살짝 잡아 내려놓았다. 문득 예전 시다 시절이 생각난다고 했더니, 그가 웃으면서 대답한다.

"옛날에는 다들 무릎을 꿇고 앉아서 그 일을 했어요. 그래서 무릎이 성할 수가 없었지요. 지금처럼 미싱이 이렇게 높지 않고 중간 높이밖에 안 돼서, 시다들은 그 앞에 꿇어앉아 일을 해야 했거든요. 그런데 그게 참……."

그가 손놀림을 멈추며, 잠깐 머뭇거린다.

"그전에 모르고 할 때는 빨리빨리 하는 게 잘하는 건 줄 알았는데, 이제는 속도 하나도 품질과 연관 있다는 사실을 알게 됐어요."

그럼 지금은 빨리 하시는 게 아니라는 말인가요? 제 눈에는 엄청난 속도 같은데요.

"아이고, 이 정도 속도면 신선놀음이지요. 객공들 일하는 데 안 가보셨지요? 정신이 하나도 없어요. 남성복 만드는 데 가보면 미싱사와 시다가 한 팀을 이뤄서 하는데, 마치 기계가 돌아가는 것 같아요. 그전에는 둘의 임금 차이가 크게 났지만 요즘은 반반이지요. 시다가 전반적으로 기술을 다 알아야 하니까, 미싱사는 박기만 하면 될 정도예요. 세상이

01 기술은 결코 배신하는 법이 없습니다

많이 달라졌지요. 예전에는 재단사가 최고였고 그의 말이 법이었는데, 요즘은 안 그래요."

디자이너와 의견이 엇갈리는 경우는 없나요? 한 벌의 옷을 만들어내는 과정에서 디자이너와 재봉사는 굉장히 밀접한 관계일 텐데요.

"도저히 바느질이 될 가능성이 없는 디자인을 들고 오는 경우가 있어요. 옷은 실루엣이 잘 나와야 하는데, 그림대로 하면 안 되니까. 우리는 조금 변형을 하자, 그래야 옷을 만들어낼 수 있다고 말하지요. 그러면 디자이너들은 자기들을 무시한다고 하니 마찰이 생길 수밖에요."

디자인 쪽에서는 봉제 기술이 못 따라줘서 새로운 옷을 만들어내는 데 어려움을 겪는다고 하는 의견들도 있던데요.

"물론 봉제하는 이들도 책임이 있지요. 모든 것을 돈으로만 계산한다든가……. 샘플 하나를 뽑는 데 얼마 달라, 또 바느질이 까다로우면 안 하려 들고. 돈이 안 되니까요. 그런 모습을 보고 있으면 저렇게밖에 못 하나 싶어서 안타깝지요. 바느질을 내 자존심으로 보고 해야 하는데……. 물론 하이패션 생산 라인에 있는 분들은 좀 다른 것 같아요. 나름대로 자존감을 갖고 일하는 것을 볼 수 있거든요. 각자가 각성하면 좋겠지만 아직은 어려운 것 같아요. 암튼 디자이너와 재봉사가 의견을 나누고 조금씩 양보하면 될 텐데……. 물론 서로 잘 맞는 사람들도 분명히 있어요."

말씀은 그렇게 하셔도 서운한 구석이 있는 것 같은데요?

"요즘 디자이너들을 보면 옛날에 우리 때 보조가 하던 정도의 일을 하는 경우도 종종 보거든요. 그런데 그들은 여전히 우리 봉제하는 이들을 무시하는 경향이 있더라고요. 그건 정말 아니라고 생각해요. 아무리 패턴이 잘되고 디자인이 좋아도 바느질에서 엉망이 돼버리면 옷의 질이 높아지지 않아요. 그런데 아직도 그것을 깨닫지 못하고, 일단 우리를 무시하고 볼 때는 참 속상하지요."

이제는 안다, 내 일의 가치를
—

문득 김도영 씨 같은 봉제의 숨은 고수들이 얼마나 있는지 궁금해졌다. 더 많은 이들이 세상 밖으로 나와서 기술을 전수하고 서로 머리를 맞댄다면 새로운 세대들이 더 나은 환경에서 일할 수 있도록, 작은 변화라도 만들어낼 수 있지 않을까 하는 기대 때문이었다.

"진짜 기술 좋은 분들이 많아요. 일하는 걸 보면 기계나 사람이나 똑같다니까요. 그러니 그분들이 옛날에 얼마나 많은 시간을 투자했겠어요. 하루 종일 몇백 장, 몇천 장을 그냥 앉아서 만들었으니까요. 기계랑 똑같다는 게, 몸이 머리보다 먼저 알아서 저절로 돌아간다는 뜻이에요. 그정도 돼야 진정한 기술자라고 할 수 있다고 봐요. 우리 세대는 어디 내놔도 막히지 않아요. 바쁘면 바쁜 대로 기계도 다 다룰 줄 알고……. 요즘은 토털(total)로 할 줄 아는 이들을 찾기 힘들지요."

그런 분들이 소리 없이 사라져가는 걸 보면 어떤 생각이 드세요?

"정말 안타깝지요. 자신이 가진 기술을 어떻게 더 나눌 수 있는지, 그분들이 가진 기술이 우리 사회에서 어떤 의미를 가지고 있는지 좀 알리고 살았으면 좋겠는데……. 하지만 그분들은 세상을 둘러볼 마음의 여유나 시간이 없는 것 같아요. 창신동 주변 공장에서 일하는 분들 중에도 봉제아카데미 같은 게 있는 줄 전혀 모르는 사람이 얼마나 많은데요. 자기 일만 하니까 관심을 두지 않은 거지요. 전 깜짝 놀랐어요."

그럼 결국 선생님이 별종 아닌가요?(웃음)

"맞아요. 예전에 동료들도 저를 '참 이상한 사람, 피곤한 사람'이라고 했거든요. 시간 나면 물량이나 더 뺄 생각을 하지, 뭘 그렇게 배우러 다니는지 모르겠다고요. 자기들은 그럴 시간 있으면 티셔츠 한 장이라도 더 뽑고 만다 그랬지요. 그렇게 말하는 이들에게 이것보다 더 나은 생활이 있다고 얘기할 수가 없었어요. 이해를 못 하니까. 각자 가치관의 차이인 것 같아요. 시간 있으면 돈 많이 버는 게 제일이라는 사람도 있고. 저는 그게 전부는 아니라고 생각하는 사람이고요."

개인적인 가치관 차이, 그게 전부일까요?

"진짜 기술자들을 제대로 대우해주지 않는 사회 환경 탓도 있지요. 일례로 옷 판매업자들은 판로가 없는 일이 무슨 소용이냐 그러는데, 자기네 처지만 먼저 생각하는 것 같아요. 생산 라인을 무시하니까 그러는 게 아닌가. 하지만 우린 정말 힘들거든요, 장시간 앉아서 일한다는 게. 게다가 우리는 작업 환경도 열악하잖아요. 평생 했어도 여전히 일은 힘들

"그전에 모르고 할 때는 빨리빨리 하는 게 잘하는 건 줄 알았는데,
이제는 속도 하나도 품질과 연관 있다는 사실을 알게 됐어요."

고, 누가 알아주는 것도 아니고, 스스로도 배운 도둑질 이상의 가치를 못 찾는 마당에 누굴 가르치고, 무슨 의미를 따지고 하겠어요."

그가 옷감을 이리저리 박아내는 순간 요술처럼 한 벌의 코트가 완성된다. 놀란 표정으로 바라보며 참 바느질을 쉽고도 간단하게 한다고 했더니 이렇게 이야기한다.

"남들보다 일을 더 쉽게 한다고 그러는데, 쉬운 게 어디 있겠어요. 한 가지 일을 긴 세월 동안 하다 보니 손에 익어서 그렇게 보이나 봐요. 요즘은 패턴을 배우러 다녀요. 참 재미있어요. 기회가 되면 디자인도 배워볼까 싶어요."

매일 아침 9시에 출근해 밤 11시 막차를 타고 집으로 돌아가는 김도영 장인. 그는 이제 욕심이 생겼다. '이 일의 끝까지 가서 나만의 뭔가를 만들어보자!' 그런 생각이 든다고 한다. 자신이 일개 미싱사가 아니라는 사실을, 자신이 하는 미싱일이 세상에서 가장 가치 있는 일임을 깨달았기 때문이라고 말이다.

온전히 자신의 노동을 통해 삶이라는 뻘밭을 헤쳐나가는 사람이라면 그 누구에게도 감히 '일개'라는 수식어를 붙일 수 없다. 그러나 세상은 수많은 '을, 병, 정'들에게 자기 자신을 '일개 미싱사', '일개 회사원'이라 생각하게 만든다. 세상이 붙이고 스스로 인정한 '일개'라는 딱지를 제 손으로 떼어낸 김도영 장인. 그의 나지막하면서도 힘 있는 목소리가 오래도록 깊은 울림으로 남았다.

유홍식
—

구두 장인,
경력 55년

정직한 두 손으로 구두 만드는 일,
서울대 졸업장과도 안 바꾼다

—

1949년	전라남도 광주 출생
1961년	13세에 서울 명동 기능제화에서 구두 기술을 배우기 시작
1967년	19세에 업계에서 선생님 소리를 듣게 되다
1979년	금의환향해 고향 광주에서 구두 제작에 전념
1997년	서울로 재상경해 본격적으로 수제화 장인의 길로 들어서다
2006년	드림제화 설립
2013년	'서울시 수제화 명장 1호'로 지정되다
현재	드림제화를 운영하며 기술 전수에 힘쓰고 있다

바로 눈앞에서 '명장'이 작업하는 모습을 보고 싶지 않은가. 성수동에 가면 무려 55년째 한길을 걸어온 명장이 구두를 꿰매는 모습을 직접 볼 수 있다.

성동구에는 성수역을 중심으로 수제화 생산업체 300여 개와 중간 가공·원부자재 유통 각각 100여 개 등 총 500여 개가 넘는 수제화 관련 업체가 들어서 있다. 성동구는 이러한 특성을 살려 오래전부터 '성수동 수제화산업 활성화사업'을 펼쳐왔는데, 지난 2013년 12월 13일에 성수 수제화 공동 판매장과 구두 테마역을 개장하면서 오랜 노력의 결실을 맺었다.

서울지하철 2호선 성수역에 내리면 구두 그림으로 장식된 승강장의 안전문이 이곳이 구두 테마역임을 알려준다. 역사 안은 성수동 수제화산업의 가치를 알리는 전시·홍보·체험 공간 '슈스팟 성수(Shoespot Seongsu)'로 꾸며져 있고, 역사를 나오면 커다란 황금색 부츠 위에 빨간 원피스와 하이힐 차림으로 다리를 꼬고 앉아 있는 고양이가 인사를 건넨다. 수제화를 테마로 한 조형물 '고양이의 빨간 꿈'이다. 그리고 고양이 바로 뒤편에 수제화 매장 '프롬에스에스(from SS)'가 자리하고 있다. 성수역 1층 하부 교각에 7개의 박스숍(소형 매장) 형태로 지어진 프롬에스에스는 성동구가 선정·인증한 수제화 브랜드의 공동 판매장이다. 바로 이곳의 7번 숍, 4평 남짓한 매장에서, 55년 동안 하루도 구두를 손에서 놓은 적이 없는 한 남자가 오늘도 묵묵히 구두를 꿰매고 있다.

수제화를 테마로 한 조형물 '고양이의 빨간 꿈'
바로 뒤편에 수제화 매장 '프롬에스에스(from SS)'가 자리하고 있다.
성수역 1층 하부 교각에 7개의 박스숍(소형 매장) 형태로 지어진
프롬에스에스는 성동구가 선정·인증한 수제화 브랜드의 공동 판매장이다.

구두 명장 1호의 손, 흡사 무두질한 가죽 같은

—

국내 수제화의 랜드마크를 넘어 한국의 볼로냐(이탈리아 명품구두 생산도시)를 꿈꾸며 야심차게 나선 성동구가 구두 명장을 선발하자는 계획을 세운 것은 당연한 움직임이었다. '서울특별시 성동구 수제화 명장 선정 및 지원에 관한 조례'에 따라, 이 지역에서 오랫동안 일해온 '구두장이' 중에서 장인정신이 투철하고 수제화 기술의 계승·발전에 공헌할 수 있는 사람을 선발하는 대회가 2013년 11월에 열렸다. 그 첫 대회를 통해 '수제화 명장'이라는 명예를 거머쥔 이가 바로 유홍식 씨다.

한눈에 보기에도 고급스럽고 우아한 구두들이 진열되어 있는 아담한 가게. 한쪽 벽면에는 '서울시 구두 명장 1호'라고 새겨진 동판과 함께 시상식 사진이 걸려 있다. 이따금 사람들이 들어와서 구두를 살펴보고 나가곤 한다. 필요한 경우에는 일어나서 고객에게 자신의 구두를 설명하지만, 인터뷰 내내 명장의 두 손은 쉬는 법이 없다. 그의 두 손은 오로지 구두 만드는 일에만 쓰여야 한다는 듯, 손에서 구두가 떠나지 않는다. 명장의 손에 놓인 연베이지색 가죽은 마치 부드러운 비단 천인 양 이리저리 몇 번의 바느질을 거치더니, 어느새 신발의 꼴을 갖춰가고 있다. 보통 사람은 있는 힘을 다해 찔러도 들어갈까 말까 하지만, 굵은 대바늘은 명장의 손에서 그저 요술처럼 술술 가죽을 파고든다. 구두와 함께해 온 수십 년 장인의 이력이 그대로 보이는 장면이다.

연세가 60대 중반인데 경력이 55년이라면 언제부터 이 일을 시작하신 건가요?

"초등학교 6학년, 그러니까 열세 살 무렵에 수제화를 처음 접했습니다. 전남 광주가 고향인데 아주 일찍 서울살이를 시작했지요."

그렇게 어린 나이에 상경을 결심한 데에는 특별한 이유가 있었을 것 같은데요?

"집안이 찢어지게 가난해서, 뭐 그런 사정이 있어서는 아니고요. 제 입으로 말하기는 좀 창피하지만 어릴 때는 공부에 왜 그리 취미가 없던지…….(웃음) 친구랑 서울에 가서 구두 만드는 기술을 배우자, 그랬지요."

처음 일을 시작하신 곳은 어딘가요?

"명동 기능제화라고, 당시 수제화 분야에서 최고의 전문점 중 하나로 꼽히던 곳입니다. 그곳에서 열심히 기술을 배우다 보니 열아홉 살 되던 해에는 이 업계에서 '선생님' 소리를 들을 수 있게 됐지요."

열세 살에 시작해서 열아홉에 선생님 소리를 들었다면 혹시 '구두 영재' 아닌가요?(웃음) 노력만 가지고 될 일은 아닌 것 같은데요.

"사실 집안 내림이 있는 게 아닌가 싶어요. 윗대 어른들을 둘러봐도 그렇고, 제 아이들도 그렇고…… 확실히 타고난 감각이 있는 것 같습니다. 손으로 뭔가를 만드는 감각이 괜찮은 데다 눈썰미도 있어서 남들보다 기술을 빨리 익힐 수 있었지요. 물론 성심성의껏 배우기도 했고요."

그런 만큼 독립도 빨리 하셨겠네요.

"곧장 고향인 광주로 내려가서 제화점을 차렸습니다. 많은 고객들이 제가 만든 구두를 보배처럼 즐겨 신어주셨지요. 덕분에 남부럽지 않게

01 기술은 결코 배신하는 법이 없습니다

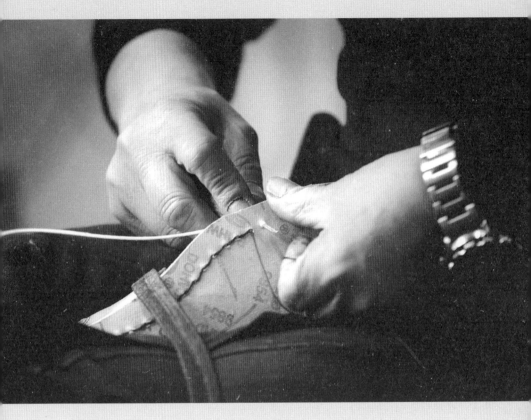

명장의 손에 놓인 연베이지색 가죽은 마치 부드러운 비단 천인 양
이리저리 몇 번의 바느질을 거치더니, 어느새 신발의 꼴을 갖춰가고 있다.
보통 사람은 있는 힘을 다해 찔러도 들어갈까 말까 하지만,
굵은 대바늘은 명장의 손에서 그저 요술처럼 술술 가죽을 파고든다.

재산도 불렸고, 꽤 오랫동안 그렇게 승승장구했습니다."

고향에서 성공하셨는데 왜 굳이 서울로 돌아오셨습니까?

"IMF 외환위기의 칼바람 때문이지요. 사업을 벌였다가 그간 모은 재산을 다 잃고 말았습니다. 고향을 등지고 서울로 떠나올 때, 수중에는 달랑 몇 만원밖에 없을 정도였으니까요. 하지만 상경한 지 얼마 안 돼서 다시 자리를 잡았습니다. 뭐, 큰 집은 아니어도 내 집 장만했고, 아이들 교육도 시켰고, 집사람 하고 싶은 일 하게 했고…… 그런대로 다 잘됐지요."

뼈아픈 실패를 겪긴 했지만, 결국 자신의 기술을 믿고 다시 시작하신 거군요.

"맞습니다! 바로 기술 덕분이지요. 제 기술로 정직하게 일해서 돈을 벌수 있으니 얼마나 다행인지, 얼마나 자랑스러운지 모릅니다. 사실 그동안 세상 살아오면서 거짓말하고 남 속이며 제 잇속 차리는 사람들, 참 많이 봤습니다. 그때마다 저는 제 두 손을 자랑스럽게 바라봅니다. 정직한 손! 저는 감히 제가 세상에서 가장 깨끗하게 돈을 버는 사람이라고 믿습니다. 순전히 제 기술로만 돈을 버니까요."

그는 순간, 하던 일을 멈추고 불쑥 손을 내밀었다. 무두질한 가죽처럼 단련된 손을 내미는 유 명장, 어찌 저리 당당한가! 자신의 능력에 대한 자신감을 가진 이만이 보여줄 수 있는 표정이었다. 그의 얼굴과 두 손에서 구두 만드는 기술 하나만으로 세상을 헤치며 뚜벅뚜벅 걸어온 힘이 묵직하게 전해졌다.

세상의 잣대는 나를 일용 잡직이라 한다

—

그의 작업 현장은 언제나 일반에 공개되는 셈이다. 박스숍 유리창 너머 그가 작업에 몰두하는 모습은 한 편의 예술 작품인 양 보는 이들에게 감동을 준다. 인간의 고귀한 노동의 모습이다. 성동구에서도 이 점을 염두에 둔 것 같다. 명장의 작업장을 공개해 구두타운의 명성을 높이고자, 유 명장에게 이곳을 마련해주고 여기서 작업해줄 것을 당부했다고 한다.

2013년 12월 성수역 구두 테마역 조성 기념 및 수제화 성수 매장 개장식에서 그는 박원순 시장으로부터 '서울시 수제화 명장 1호' 인증패를 받았다. 이날 박 시장은 "유 명장은 수제화 명장의 아이콘이 될 것"이라며 "제2의 아테스토니(a,testoni)를 향한 꿈을 지켜달라"고 당부했다.

명장 인증패를 받으실 때 여러 가지로 감회가 남다르셨을 것 같습니다.

"시장님과 구청장님께 정말 고맙다고 말씀드렸습니다. 그냥 하는 말이 아니라, 진심으로 고맙더라고요. 난생처음 '관청'으로부터 인정을 받았다는 게…… 감격스럽더군요. 사실 그동안 우리나라에서는 국산 구두 만드는 쪽으로 눈길 한번 준 적이 없었으니까요."

우리 사회가 기술을 귀히 여기기는커녕 하찮은 일이라고 홀대해온 건 사실이지요.

"맞아요. 세상의 잣대가 그렇습니다. 언젠가 보험회사 직원이 제 하루 수입을 산정하면서, 구두 만드는 일을 일용 잡직으로 취급하더군요. 어

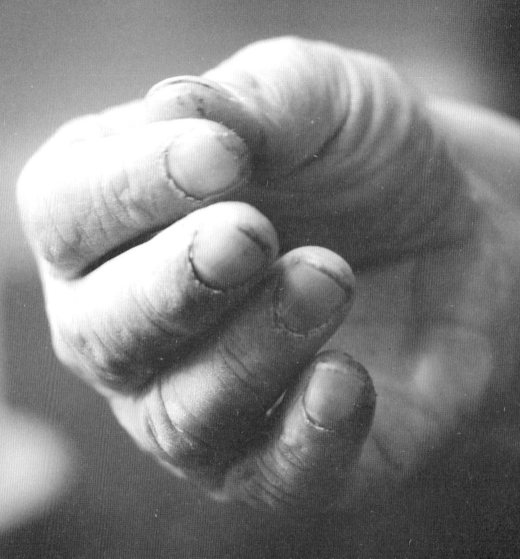

"그동안 세상 살아오면서 거짓말하고 남 속이며 제 잇속 차리는 사람들,
참 많이 봤습니다. 그때마다 저는 제 두 손을 자랑스럽게 바라봅니다."

이가 없었지만 조용히 말했습니다. '그 돈은 그냥 자네가 가지게나'라고요. 자존심 상하고 속상할 때가 한두 번이 아니었지만, 그럴 때마다 구두를 만들며 서러움을 삭였지요."

그런데 이제 서울시장이 알아봐주고, 구청 직원이 찾아와서 불편한 점이 없는지 물어보고…….(웃음)

"예, 이제 좀 마음이 놓입니다. 하지만 지난 세월을 돌이켜보면 여전히 안타깝고, 아깝지요. 진작 이렇게 대우해줬다면, 일찍부터 수제화산업을 제조업이라는 큰 틀에서 눈여겨 살피고 대접해줬다면, 우리는 지금쯤 더 좋은 기술로 더 좋은 구두를 만들 수 있지 않을까 싶어서요."

구두 제조나 유통 쪽은 어떻습니까?

"솔직히 썩 합리적으로 굴러가는 편은 못 됩니다. 물건을 가져가고 한참 뒤에야 결제를 해주니 제조업자 처지에서는 버텨내기 참 힘들지요. 게다가 일감이 일정하게 들어오는 것도 아니고요. 수입을 가늠할 수 없어서 가정 살림을 계획적으로 꾸리기가 어렵다고 호소하는 동료들이 참 많습니다. 구두 만드는 사람들이 능력에 비해 제대로 대우를 받아본 적이 없다고 봐야지요."

바꿔 말하면 대우는 낮지만 기술 수준은 높다는 뜻인가요?

"그럼요! 우리나라 수제화 기술은 세계 최고 수준입니다. 과거 세계기능대회에서 한국 선수들이 수제화 부문을 3연패하자 다른 나라들이 참가하지 않기도 했지요. 그래서 결국 수제화 부문이 없어졌을 정도였다니까요."

유 명장은 아직도 구두에 대한 아이디어가 쉼 없이 솟아난다고 한다.
길을 가다가도, 밥을 먹다가도, 사람을 만나서도,
심지어 잠을 자면서도 아이디어가 떠오른다.

인터뷰를 이어가는 내내 잠시도 쉬지 않던 유 명장의 손길이 잠시 멈추더니 목소리가 높아졌다.

"이탈리아가 명품 수제화로 유명하지만, 우리나라 수제화도 그에 못지 않아요! 우리도 얼마든지 명품 수제화로 세계인들에게 인정받을 수 있습니다!"

그는 진열되어 있던 구두 한 짝을 번쩍 들어 보였다. 붉은색 가죽에 가는 줄을 새겨 넣고 발목에는 호피 모양의 송치 털을 단, 발목까지 오는 부츠였다.

"이 구두를 보세요! 디자인이나 품질이 어떤지. 제가 디자인한 것입니다. 이 세상에 딱 한 켤레뿐인 구두지요. 저는요, 남이 만들지 않은 수제화 모델을 수없이 만들었어요. 기술로는 세계 누구와 겨뤄도 지지 않는다고 자신합니다."

실제로 그의 매장에 있는 구두는 대부분 직접 디자인한 것이다. 탐이 날 만큼 멋진 구두가 여기저기 눈에 띈다. 유 명장은 아직도 구두에 대한 아이디어가 쉼 없이 솟아난다고 한다. 길을 가다가도, 밥을 먹다가도, 사람을 만나서도, 심지어 잠을 자면서도 아이디어가 떠오른다. 그는 기억력이 신통치 않아서 가족 전화번호니 뭐니, 외우고 있는 게 없다고 한다.

"그런데 이상하게도 한번 지나가면서 슬쩍 쳐다보기만 한 구두 디자인은 기가 막히게 생생하단 말이에요!"

전통 수제화 기법의 마지막 불씨가 꺼지지 않도록

—

그는 성동구 수제화 명장 선발대회에서 일곱 명의 쟁쟁한 후보들을 제치고 명장으로 뽑혔다. 서류 심사와 현장 실기, 면접을 거치는 동안 그는 자신이 가진 기술의 힘을 믿었다고 한다. 수제화 저부(底部, 밑바닥) 심사에서 그가 내놓은 작품을 보고 심사위원들은 이렇게 말했다.

"마지막 불씨가 남아 있었구나!"

그 불씨란 바로 유 명장이 자랑하는 '특 가보식 기법'이다. 옛날 사람들이 짚신을 만들 때 쓰던 기법을 구두 만드는 방식에 적용한 것이다. 통가죽을 조각내어 작업하는 이 기법은 그가 구두 제작을 배우던 시절에는 다들 사용했던 기술이라고 한다. 하지만 지금은 이 기술을 가진 이를 찾아보기 어렵다. 기술을 보유한 세대가 어느새 거의 다 사라졌기 때문이다.

기술 보유자로서 안타까움이나 책임감이 크실 것 같습니다.

"내가 이 일을 그만두고 떠나버리면 누가 이 기법을 이어갈까, 늘 걱정스러웠습니다. 이렇게 훌륭한 우리만의 기술이 전수받을 사람이 없어서 사라져 버린다면 정말 안타까운 일이 될 테니까요."

그럼 기술 전수를 하실 계획이 있나요?

"은퇴하기 전에 제가 가진 기술을 물려주고 싶은 것이 제 마지막 소망이었습니다. 제대로 배울 젊은 세대가 나타나기를 기다렸지요. 물론 옛

유 명장의 매장에 있는 구두는 대부분 그가 직접 디자인한 것이다.
탐이 날 만큼 멋진 구두가 여기저기 눈에 띈다.

날 도제 방식대로 가르치고 배우기는 어렵겠지만, 그래도 기술 전수는 긴 시간과 인내가 필요하니까요. 다행히 3년째 기술을 배우는 제자가 한 명 있고, 일본에서 제화점을 운영하면서 기술 배우겠다고 찾아온 사람도 가르치는 중입니다. 기술 전수가 제대로 이어지려면 공적인 차원에서 시스템을 만드는 것도 중요합니다. 박원순 시장님이 지원을 약속한 대로 구두 학교가 설립되면 기꺼이 기술 전수를 위해 학생들을 가르칠 생각이에요."

55년을 하셨으니 좀 쉬고 싶다, 그런 생각이 들 때는 없습니까?

"왜 없겠습니까.(웃음) 이제 그만 고향으로 내려가서 친구들과 술잔도 기울이고, 아내와 함께 여행도 다니며 세상 구경을 하고 싶었지요. 그런데 덜컥 명장이 되고 보니 그만큼 책임감도 더 무거워진 데다, 기술을 제대로 전수하는 일도 만만치 않아서 은퇴 생각은 당분간 접어야 할 것 같습니다."

워낙 뛰어난 기술을 가지고 계시니 해외 진출을 생각해보셨을 법도 한데요.

"한때는 이탈리아 같은 나라에 가서 기술도 배우고 구두 잘 만든다는 사람들과 솜씨도 겨뤄보고 싶었지요. 그런데 언젠가 영국 구두 잡지에 실린 수제화 특집 기사를 본 뒤로 그 꿈을 접었습니다. 거기에 나오는 구두 만드는 연장이 제가 가지고 있는 것과 별로 다르지 않은 데다, 구두 만드는 순서도 제 작업 순서와 똑같더라고요. 그때 깨달았지요. 아, 어디에 있든 가장 멋진 구두를 만드는 일은 혼자서도 할 수 있구나……."

"내가 이 일을 그만두고 떠나버리면
누가 이 기법을 이어갈까, 늘 걱정스러웠습니다.
이렇게 훌륭한 우리만의 기술이 전수받을 사람이 없어서
사라져 버린다면 정말 안타까운 일이 될 테니까요."

유 명장의 입가에 은은한 미소가 피어오른다. 스스로 인정할 만한 성취를 이룬 사람은 다른 이들의 비교나 평가에 연연하지 않는 법이다. 또한 세상 어디에 숨어 있어도 최고의 솜씨는 드러나게 마련이리라.

55년, 이토록 질긴 사랑이라니

—

인터뷰 사이사이에 몇몇 손님이 매장을 찾았다. 남성화 전문이라 남자 고객들이 주를 이룬다. 멋쟁이 청년 두 명이 한참을 둘러본 후 가격을 묻더니 머뭇거린다. 생각보다 비싸다는 눈치다. 그들은 이내 고개를 갸우뚱하며 나가버렸다.

유 명장의 구두는 수십만 원에서 수백만 원을 호가한다. 일반적인 기준으로는 부담스러운 가격이라고 할 수 있지만 디자인이나 품질만으로 보자면 합당한 가격이다. 더구나 명장, '마이스터(Meister)'가 만든 구두가 아닌가!

"일부러 가격을 낮게 불러서 팔 생각은 없습니다. 재료비나 공임을 생각하면 더 낮출 수도 없고요. 백화점에서 파는 수입 구두는 으레 비싸려니 하면서 우리가 만드는 구두는 비싸면 이상하게 생각하는 게 현실이지요."

이어서 한 노신사가 매장에 들어섰다. 그런데 그는 진열대의 구두보다

스스로 인정할 만한 성취를 이룬 사람은
다른 이들의 비교나 평가에 연연하지 않는 법이다.
또한 세상 어디에 숨어 있어도 최고의 솜씨는 드러나게 마련이리라.

유 명장의 솜씨에 더 눈이 가는 모양이다. 수제화의 의미를 이해하고 있는 듯했다. 구두 만드는 모습을 한참이나 지켜보던 노신사가 유 명장에게 물었다.

"이렇게 하면 하루에 몇 켤레나 지을 수 있소?"

유 명장은 구두 '짓던' 손을 멈추지 않은 채 공손히 대답한다.

"두세 켤레 정도 됩니다."

그는 매일 새벽 5시면 어김없이 일을 시작한다. 성수동에는 그의 구두 공장과 매장이 각각 따로 있다. 그쪽 일을 미리 해놓고 오전 10시경부터 저녁까지 이 박스숍에서 작업하기 때문에 하루가 바쁘다.

그렇게 바쁘게 일하시는데도 건강해 보입니다. 외모도 생각도 굉장히 젊으신데, 실례지만 60대 중반이신 게 확실합니까?

"하하하…… 제가 좋아하는 일을 하면서 사니 그런 모양이지요."

정말 한 번도 싫증나신 적이 없습니까?

"평생 단 한 번도 이 일을 선택한 것을 후회한 적이 없어요. 구두 만드는 일이 세상에서 제일 좋은데요. 저는 이 일을 어떤 것과도 바꿀 생각이 없습니다. 서울대 졸업장하고도 절대 안 바꾸지요!"

유 명장은 오랜 세월 손때가 묻어 윤이 나는 박달나무 망치를 들어 구두 밑창을 두드린다. 그러고는 이내 만족스러운 듯 혼자 미소를 짓는다. 두툼한 손에 박인 굳은살, 하늘을 찌르는 자부심, 그리고 쉼 없는 정직한 노력이 유홍식 명장의 오늘을 만들었다.

지금도 어김없이 대한민국 성수동 한복판에서는 한 장인이 구두를 만들고 있다. 이미 오래전, 세상 사람들이 뭐라고 하기 전부터 스스로 명장이었던 한 사람이.

정직한 두 손으로
구두 만드는 일,
서울대 졸업장과도
안 바꾼다

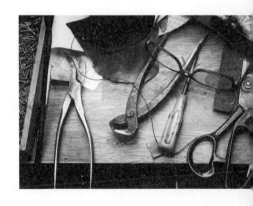

김
종
은 —

가방 장인,
경력 42년

일하는 사람이 행복해야
아름다운 물건이 만들어진다

—

1959년	충북 영동군 출생
1974년	16세에 서울의 가방 수출업체 본사에서 일을 시작
1991년	미싱장(長)이 되었지만 열악한 제작 환경으로 인해 원양어선에 오르다
1992년	다시 제자리로 돌아와 일본에서 17년간 가방을 만들다
2006년	한국으로 돌아와 가방 디자인 샘플을 만들기 시작
2008년	서울 중랑구에서 공방을 운영하다
2014년	여성 명품가방 브랜드 '송공'(www.songgong.kr) 설립
현재	송공을 운영하며 가방 제작업체와 디자이너들이 자문을 구할 때마다 돕고 있다

그는 버스 정류장에 마중 나와 있었다. 지하철과 마을버스를 갈아타고 간 오금동. 그곳에서 푸근한 미소로 맞아준 이는 42년 경력의 가방 장인 김종은 씨다. 앞에서 만나본 김도영·유홍식 씨를 비롯해, 이 책에 소개된 다른 모든 이들의 공통점은 수십 년 동안 한눈팔지 않고 외길을 걸어왔다는 것이다. 그들을 '장인'이라고 부를 수 있게 된 이유이기도 하다. 그런데 이번에 만난 장인은 사뭇 다르다. 원양어선이라니, 도무지 어울리지 않는 경력 아닌가. 게다가 17년 동안이나 일본에서 가방을 만든 경력까지 더해졌으니, 이쯤 되면 '역맛살 긴 장인'이라고 해도 무방할 정도다. 물어볼 것도 들을 것도 많은 만남에 가벼운 설렘마저 느껴졌다.

내 조건이 나아지게 만들려는 노력이 오늘의 나를 만들었다
—

김종은 씨는 중랑구에서 공방을 운영하다 2년 전에 지금의 회사로 옮겼다. 말하자면 '스카우트'된 셈이다. 그는 가방이 만들어지는 전(全) 부문, 즉 디자인, 패턴, 제작 등 시작부터 끝까지 모든 과정을 꿰뚫고 있다. 현재는 그중에서도 설계에 해당하는 패턴 전문가로 일하고 있다. 공식적인 직함은 '이사'지만 그냥 '선생'으로 불러달라고 했다. '가방 장인'이라는 호칭이 더 어울리는 것 같다.

이제 50대 중반이신데 42년 경력이면 굉장히 일찍 일을 시작하셨네요.

"열여섯 살 되던 해에 서울에 있는 가방 수출업체 본사에서 처음 시작했습니다. 어릴 때 하라는 공부는 안 하고, 나무를 잘라서 뭘 만들다가 아버지에게 엄청 혼났던 기억이 많아요. 만드는 솜씨가 어느 정도 있으니까 조금 배우면 되겠지 싶어서 겁 없이 뛰어든 것 같기도 하고…….'

요즘도 그렇지만 그 시절에는 어린 나이에 공장일을 하기가 정말 쉽지 않았을 텐데요.

"그때를 돌이켜보면 고생한 기억밖에 없습니다. 정말 밑바닥부터 이 일을 배우고, 해왔지요. 초창기에는 품삯이 얼만지도 모르고 일했습니다. 어리고 배움도 짧은 젊은이에게 밥 먹여주고 용돈 주면서 일거리를 주는 게 그저 고마웠지요. 두 달에 한 번 봉급 받는 생활이었지만 전혀 개의치 않았습니다. 그저 열심히 배우면 더 나아지겠거니 하면서 배웠어요. 윗사람이 일하는 것을 따라서 해보고, 그것도 모자란다 싶으면 집에서 혼자 패턴을 그리며 낮에 했던 작업을 복기해보곤 했습니다."

어린 나이에 지치고 불평할 법도 한데 부단히 노력하셨군요.

"저는 얼마나 배웠는가를 따지기보다 얼마나 노력하는가를 봐야 한다고 믿습니다. 그래서 동료들이 술 마시고 노름하고 경마장 갈 때 외국어 단어 하나라도 더 익히려고 애썼지요."

스스로에게 무척 엄격하신 것 같습니다. 일정 수준에 머무르는 것을 용납하지 않는다고 할까요. 그렇다면 당연히 가방 만드는 기술도 무척 빨리 익히셨겠지요.

"제 입으로 말하기 멋쩍지만, 어느 수준에 다다르면 다음 계단을 오르려고 다짐하는 스타일이었습니다. 밑에서 일하다가 미싱으로 올라가야지 마음먹고 일했지요. 그래서 '오야 미싱(미싱장長)'까지 하고 그랬는데, 또 한계가 있더라고요. 일을 하면 할수록 주변을 둘러보게 되고, 다른 길은 없을까 궁금했습니다. 다 같이 일하는데 누구는 저만큼 가 있고, 누구는 그대로 있는 것을 보고 '왜일까?', 그런 생각이 든 거지요."

그럼 지금은 어떻습니까?

"인제는 올라올 데까지 온 것이 아닌가, 그렇게 생각합니다. 제가 가진 이 기술이 바로 제가 가진 재산입니다. 제 조건이 나아지게 만들려고 노력한 것이 오늘날 저를 만든 것이지요. 그래서 요즘 들어서는 이 일을 해온 것에 어느 정도 보람을 느낍니다. 물론 큰돈을 벌진 못했지만, 이제 와 탓할 일은 아니지요."

하지만 본인이 아무리 노력해도 업계의 관행이나 구조적인 문제 때문에 발목 잡힌 경험도 많았을 것 같은데요.

"그럼요. 그전에 하청공장도 운영해봤지만 여섯 번이나 엎어졌습니다. 인력 문제나 수입이 안 맞아서, 또 주문받은 대로 일을 해주고도 대금을 못 받은 일이 부지기수였어요. 힘 있는 자에게 할 수 없이 당한 것이었지요. 어디 가서 하소연할 데도 없었어요. 요즘은 그 정도까지 심한 경우가 없는 걸 보면, 사회가 조금이나마 투명해졌다고 해야 할지……."

김종은 씨는 자신이 1970년대 수출 역군이라는 사실을 꼭 밝히고 싶어 했다. 사람들은 섬유나 전자 같은 분야만 산업 발전에 기여했다고 기억하지만, 가방 제조업도 그 안에서 당연히 한몫을 했다는 말이다. 우리가 기억해야 할 현대 산업사의 한 부분인 것이다.

"일을 하면 할수록 주변을 둘러보게 되고, 다른 길은 없을까 궁금했습니다.
다 같이 일하는데 누구는 저만큼 가 있고, 누구는 그대로 있는 것을 보고
'왜일까?', 그런 생각이 든 거지요."

죽음 같은 시간을 목숨 걸고 견뎠다

—

이야기를 듣다 보니 집요하다 싶을 만큼 성실한 노력파인 김종은 씨가 어떻게 '외도'를 하게 되었는지 더욱 궁금해졌다. 그가 일하던 가방 수출업체에서 가발공장도 운영하고 있었다고 한다. 서울 시내 한가운데에 가발공장과 가방공장이 있던 시대, 청년 김종은은 이리 뛰고 저리 뛰며 일을 배웠다. 열심히 하면 언젠가는 제대로 살 수 있는 날이 올 거라는 희망을 품고 말이다. 그러나 불행하게도 그런 날은 좀처럼 올 기미가 보이지 않았다. 비전은커녕 당장 가족을 제대로 건사할 수조차 없었다. 아무리 쉬지 않고 일해도 생활은 늘 제자리걸음이었다.

그래서 원양어선을 타기로 결심하신 거군요.

"'에라, 이 일 아니면 밥 못 먹을까! 때려치우자' 그랬지요. 그때는 아예 이 땅을 떠나겠다고 마음먹었어요. 서른 살에 오징어잡이 어선을 타고 바다로 나갔습니다. 배 측면에 달린 기계에서 자동으로 잡아 올린 오징어를 건져내는 일이었지요. 하루 세 시간만 자고, 밥은 여섯 끼를 먹었습니다. 정말이지, 죽음 같은 시간을 목숨 걸고 견뎠어요."

바다나 뭍이나 힘들기는 매한가지였군요.

"맞습니다. 그런데 어느 순간, 고생을 하더라도 육지에서 해야겠다는 생각이 들더군요. 고생이야 정말 말도 못 하게 했지만 거기서 얻은 게 있습니다. 세상에 안 될 게 뭐가 있는가! 그걸 깨달았으니까요. 아주 큰

교훈이지요. 힘들 때마다 그 생각하면서 지금까지 버텨오지 않았나 싶습니다."

그리고 다시 가방 만드는 자리로 돌아오셨고요.

"네. 하지만 그전과 똑같은 환경에서 일을 하고 싶지는 않았습니다. 그래서 1992년에 일본으로 건너갔습니다. 가타가나, 히라가나도 몰랐지만, 일본어를 차근차근 배워가며 도쿄 근교에 제 공장을 차렸지요."

일본에 17년이나 계셨다고 들었는데, 그만큼 일하는 환경이 좋았다는 뜻이겠지요?

"그렇지요. 운도 좀 따랐는지 큰 가방회사에서 함께 일하자고 손을 내밀어줬습니다. 일본에서는 가방 만드는 기술자를 한국과는 아주 다르게 대우해줬어요. 물론 벌이도 매우 만족스러웠고요. 그러다 2006년에 돌아와서 가방 디자인 샘플 만드는 일을 시작했었지요."

돌아와서 보니 그전과 비교해서 환경이 좀 달라졌던가요?

"빨리빨리! 그렇게 일하는 버릇은 예나 지금이나 그대로예요. 그렇게 하면 품질이 떨어지는데도 말이지요. 당연히 기술도 떨어지고요. 그럼 결국 가장 손해 보는 건 소비자 아닙니까? 제 돈 주고 제값의 물건을 얻지 못하니까요. 돈은 돈대로 지불하면서 질 낮은 가방을 들고 다니게 된다는 말입니다."

그런 환경에서는 가방 제조 기술이 발전하기는커녕 가지고 있던 기술 수준을 유지하기도 어렵지 않겠습니까?

"지금 우리나라에는 가방 만드는 기술을 배우려는 이가 없습니다. 대가 끊어지고 있어요. 이렇게 5년에서 10년이 지나면 아마 기술을 역수

김종은 씨는 자신이 1970년대 수출 역군이라는
사실을 꼭 밝히고 싶어 했다.
사람들은 섬유나 전자 같은 분야만 산업 발전에 기여했다고 기억하지만,
가방 제조업도 그 안에서 당연히 한몫을 했다는 말이다.

"지금 우리나라에는 가방 만드는 기술을 배우려는 이가 없습니다.
대가 끊어지고 있어요.
이렇게 5년에서 10년이 지나면
아마 기술을 역수입해 와야 할 겁니다."

입해 와야 할 겁니다. 우리 주문을 다른 나라에서 만들어 오게 될 거라는 말입니다. 사실 지금 가방 만드는 일이 옛날처럼 그렇게 어렵진 않아요. 제조업 현장에 고학력자가 많다는 게 문제라면 문제인데…… 전문대 이상 졸업자들이 와서 일하다가도 금방 떠나버리니까요. 비전도 없는 데다, 실컷 일해야 초봉이 120만 원에서 150만 원 정도밖에 안 됩니다. 게다가 일하는 시간은 길고, 온종일 본드 냄새까지 맡아야 하니 못 견디는 거지요. 우리야 배고픈 세대였으니 견뎠지만요. 인력이 점차 줄어들고 있습니다. 물론 앞으로 빛을 볼 수 있을 거라 믿고 싶지만, 당장 못 이기고 나가버리니 참 안타까운 현실입니다."

공적인 차원에서 가방 제조 인력을 키우기 위한 지원 시스템은 없습니까?

"정부에서 소공인들에게 운영 지원금을 주는 게 있다는데, 우리는 대부분 '컴맹'인 데다 배운 것도 짧고…… 지원 절차를 제대로 알 수 없어서 신청하기가 어렵지요. 또 신문 볼 시간도 없으니 세상에서 뭐라고 하는지도 잘 모르고, 일에 얽매여 있으니 우물 안 개구리에 만날 다람쥐 쳇바퀴 도는 생활이라……."

　분야를 막론하고 제조업계의 장인들을 만날 때마다 한결같이 듣게 되는 이야기다. 여전히 열악한 작업 환경, 낮은 임금 체계, 불합리한 유통 구조, 수요자 친화적이지 않은 지원 시스템 등등 이 모든 문제들은 결국 새로운 인력 유입의 장벽으로 귀결된다. 현장으로 인력이 들어오지 않으면 기술의 대가 끊기고, 핵심 기술 보유자라는 주요 인프라가 붕괴되면 궁극적으로는 산업과 시장을 잃을 수밖에 없다.

가내공업이 죽으면 그 나라는 망한다

김종은 씨는 자신을 '에이 클래스(A-class)'에 속하는 장인이라고 생각한다. 스스로 그만한 자부심이 있고, 객관적으로도 그렇게 인정받고 있다. 전에는 대통령 영부인의 해외 순방용 핸드백을 제작했고 최근에는 대통령의 서류가방을 만들기도 했으니 그야말로 '가방 명장'이라 할 만하다.

선생님이 생각하시는 가방 장인의 요건, 혹은 자격은 어떤 걸까요?

"혼자서 전 과정을 다 할 수 있을 뿐만 아니라 잘해야지요. 패턴에서부터 가죽 재단, 기계로 가죽을 깎아 두께를 조절하고 본드를 칠하고…….과정 전체의 기술이 단계마다 완벽해야 장인이라고 할 수 있습니다. 지금 가방 제조업의 장인을 꼽으라면 대한민국에 한 스무 명? 하나에서 열까지 다 잘하는 이는 아마 다섯 명 정도가 아닐까 싶습니다."

그런데 가방 쪽은 여성 인력이 드문 것 같습니다. 그만큼 힘들다는 뜻이겠지요?

"만드는 전 과정의 난이도를 따져볼 때 옷은 가방의 3분의 1 정도입니다. 가방은 주로 가죽을 만지는 일이라 힘이 많이 들어요. 같은 봉제업이라고 할 수 있지만 여자 힘으로는 버거운 일이지요. 물론 예전에 수출 열풍이 한창이었을 때는 여성 인력이 꽤 많았습니다만, 요즘 가방 제조 현장에서 여성을 찾아보기는 쉽지 않습니다."

선생님이 체감하시는 업계 현실은 어떤가요?

"인력이라고 해봐야 공장 하나당 3~5명 정도, 많아야 10명을 넘는 곳

01 기술은 결코 배신하는 법이 없습니다

이 없습니다. 그리고 일감은 늘 부족하지요. 판매업체 쪽은 재고 부담 때문에 적은 수량만 주문하니 생산량이 늘지 않고, 단가도 최저 수준이라 이윤이 거의 없다시피 합니다. 게다가 국내 하청일 경우, 단가를 낮추려고 인건비가 싼 외국에서 가방을 만들어 오는 회사가 점점 늘고 있습니다. 역수입이지요. 이래저래 국내 가방 기술자들이 할 일은 점점 줄어들고 있어서, 기능공들은 어떻게 살아야 할지 암담한 현실입니다."

현장의 노동 조건은 예전보다는 좀 낫지 않나요? 최근에는 주 5일제를 실시하는 곳도 많다고 들었는데요.

"그렇긴 하지만 하청공장은 예나 지금이나 형편이 별로 다르지 않습니다. 남들처럼 한 달에 네 번씩 꼬박꼬박 쉬면 손에 남는 게 없어요. 쉬는 만큼 수입이 줄거든요. 그러니 어떻게 합니까, 쉴 수가 없지요. 그나마 하루도 안 쉬고 일해야 그게 자기 수입으로 돌아오니까요!"

그렇다면 같은 하청이라도 조금 이름 있는 구두회사에 납품을 해야 상대적으로 좀 낫겠군요?

"그쪽도 대부분은 울며 겨자 먹기로 일하고, 죽지 못해서 일한다고 보면 맞을 겁니다. 공장 운영하는 한 친구가 얼마 전에 이렇게 하소연하데요. '수금해서 직원들 월급 주고 나니, 내 손에 남는 게 고작 17만 원이더라.' 감히 단언하건대, 가내공업이 죽으면 그 나라는 망합니다! 제가 여러 나라를 돌아다녀 봐서 잘 압니다."

국내 가방업계가 되살아나기 어려운 현실에는 다른 배경도 있다. 가방을 포함해 어떤 분야건 돈이 좀 된다 싶으면 대기업이 손을 대 결국 소

여전히 열악한 작업 환경, 낮은 임금 체계, 불합리한 유통 구조,
수요자 친화적이지 않은 지원 시스템 등등
이 모든 문제들은 결국 새로운 인력 유입의 장벽으로 귀결된다.

규모 업자들이 망하게 된다고 그는 말한다. 해당 업종에 대한 진지한 이해나 장기적인 비전 없이, 그저 돈 냄새만 맡고 손을 댔다가 신통치 않은 듯하면 바로 털고 나가는 모습을 우리는 수없이 보아왔다. 그 와중에 몇십 년 동안 그 업종에서 기술을 키우며 밥 먹고 살아온 작은 공장이나 공방들은 얼마나 숨통이 조였는지…….

"하소연할 데가 없습니다. 정부에서 과연 우리 같은 기술자에게까지 관심을 기울여줄지 의문만 품다가 그냥 포기하고 마는 거지요."

모든 물건에는 만든 이의 숨결이 배어 있다
—

김종은 씨는 걸어서 2분 거리에 있는 공장으로 안내했다. 가방 제조업체는 서울과 경기도 하남·부천 지역에 몰려 있는데, 서울이 제일 많고 그중에서도 중곡동, 면목동, 중화동, 망우리 등 중랑구 일대에만 약 200여 개가 있다. 그런데 거의 전부가 지하에 있어서 이들을 '지하공단'이라고 부른다며 그가 씁쓸하게 웃는다.

그가 일하는 가방공장 역시 도로변의 건물 지하였다. 구희회 사장이 직원 두 명을 데리고 일하고 있었다. 사장은 열심히 '미싱을 타고' 있었다. 대형 여행용 가방에 쓸 큰 판의 가죽을 박음질하는 중이었다. 젊은 남자 직원과 새댁으로 보이는 여자 직원(조선족 여성이라는 것을 나중에 알았다)이 가죽 부분에 약칠을 하고 있었다. 본드 칠을 하는 중이라는 말이다.

공장 안은 본드 냄새로 가득했다. 그나마 공간이 넓어서 숨 쉴 만했지만, 지난번 다녀온 유홍식 명장의 구두 공방이나 2장에 소개할 양영수 구두 장인의 교육장에서 맡았던 본드 냄새가 떠올랐다. 봉제공장에 떠돌던 먼지는 또 어떤가! 제조업에서 실내 환기가 왜 중요한 작업 조건에 들어가는지, 다녀보면 알 수 있다.

구 사장은 말로는 인사를 하면서도 손을 쉴 생각은 없어 보였다. 재봉틀을 돌리는 틈틈이 눈을 마주쳐가며 이야기를 주고받았다. 손님이 왔다고 일어나서 차를 준비할 여유 같은 것은 없어 보였다. 그들에게 "차를 드시겠냐?"고 물었다. 손님이 커피를 타면 왜 안 되는가! 나는 기꺼이 차 심부름을 맡았다. 민망해하는 구 사장에게 커피를 건네주고는 다시 이야기를 나눴다.

그는 바로 엊그제 있었던 일을 전해준다.

"전화가 왔어요. 올해 무슨 디자인학과 졸업생이라고 하는데, 여기 와서 일 좀 배울 수 있느냐고 묻더군요. 가방 만드는 일을 배우고 싶다고요. 제가 오지 말라고 했어요. 뭐하러 배우려고 하는지 참……."

돈도 안 되고 비전도 없다는 걸 누구보다 잘 아시기 때문이겠지요. 그래도 젊은 사람들이 일을 배워야 하지 않겠습니까?

"제 자식한테도 가르칠 생각이 없는데 남의 귀한 자식한테 이 일을 하라고 하면 그건 사기 아닙니까? 물론 이 일을 젊은 사람들이 해야 하는 건 맞지요. 하면 될 것 같은데, 이런 여건이면 어렵다는 겁니다. 결과가

사장은 열심히 '미싱을 타고' 있었다.
젊은 남자 직원과 새댁으로 보이는 여자 직원이
가죽 부분에 약칠을 하고 있었다.

눈에 빤히 보이니까요. 그걸 알면서 하라고 하면 내가 그 사람을 속이는 거지요. 물론 결국은 본인 의지에 달려 있지만요."

그럼 사장님 생각에는 어떻게 해야 이 문제가 해결될 것 같습니까?

"어설픈 대학 만들지 말고 기능직 키우는 고등학교나 좀 더 있었으면 좋겠어요. 대학 다닌다고 부모 등골 다 빼먹고, 어렵게 졸업해서 이런 봉제공장에서 일자리 찾는다면 사회가 잘못된 것 아닙니까! 저도 광화문이나 시청 앞에 나가 할 말 좀 해봤으면 소원이 없겠어요. 그런데 시간이 없어 못 나가요. 내가 나가면 누가 물건을 만듭니까? 물건 못 만들면 우리는 당장 굶는데요. 그러니 할 말이 있어도 나갈 수가 없는 겁니다!"

그때 김종은 씨가 구 사장이 박음질한 가방을 들어 보이며 말했다.

"여기 이 부분, 이것도 두 번 더 마무리 과정을 거치면 지금보다 훨씬 좋은 제품이 될 겁니다. 그런데 그렇게 안 하지요. 아니, 못 하는 겁니다. 왜냐하면 판매업자들이 그렇게 하기를 원하지 않으니까요. 공정을 두 번 더 거치면 공임이 그만큼 추가되거든요. 안 해도 팔리는데, 뭐하러 돈을 더 들이냐는 거지요."

김종은 씨는 이렇게 가방을 하나 만들면 노동자가 받는 품삯이 총 판매 가격 중 얼마나 되는지 짐작해보라고 했다. 머릿속으로 더듬더듬 셈을 하는 사이, 그가 먼저 말한다.

"6퍼센트입니다. 겨우 6퍼센트요! 우리가 10퍼센트 받을 수 있으면 정말 좋겠습니다."

01 기술은 결코 배신하는 법이 없습니다

가방 만드는 분들이 머리 맞대고 힘을 모으면 할 말 좀 해가며 일할 수 있지 않을까요?

"저는 입바른 소리를 꽤 하는 편인데, 솔직히 제 실력이면 아직 쓰임새가 좀 있는 편이니까 눈치를 덜 보는 겁니다. 하지만 그동안 우리 쪽에는 모험을 하고 싶어 하는 이가 없었어요. 그저 누군가가 다리를 놓아주면 그 다리를 건너갈 마음만 있지, 다리를 함께 만들겠다는 마음은 없었던 거지요."

해외 경험도 있으시고, 다른 나라와 우리의 환경이 자연스럽게 비교가 될 것 같습니다.

"비교하기 싫지만 차이가 커도 너무 큽니다. 이탈리아나 프랑스의 세계적인 명품가방 공장에 가면 장인 대여섯 명이 작업실에 앉아 일일이 공들여 가방을 꿰매고 있습니다. 가방 한 개를 만드는 데 한 달도 괜찮다고 해요. 그들은 아마 중간중간 차도 마시고, 눈을 들어 창밖도 바라보고 하겠지요. 가죽에 실을 꿰매고 있는 이 계절, 나무와 하늘의 빛깔을 느끼면서 말입니다."

그런데 우리나라의 기술자들은 지하에서, 본드 냄새 맡아가며……

"심지어 자포자기하는 이들도 많습니다. 기술이 있어도 갈 데가 없고, 열심히 일해도 가족을 먹여 살릴 형편이 못 되기 때문이지요. 그러니 열에 아홉은 자기 집이 없고, 가정을 제대로 지키지 못해 혼자 고시원에서 지내는 이들도 많습니다. 이것이 평생 가방 만드는 일밖에 할 줄 아는 게 없는, 1980년대 가방 수출업계를 이끈 주역들의 현실입니다. 이젠 정말, 좀 나아지도록 해야 하지 않겠습니까!"

인터뷰를 마치고 돌아오는 내내 김종은 장인의 안타까움과 비장함으로 가득한 표정이 잊히지 않았다. 모든 물건에는 만드는 사람의 숨결이 배어 있게 마련이다. 여유를 가지고 자신의 마음을 느끼면서 만든 제품과 한숨 돌릴 틈도 없이 만든 제품 중에 어느 것이 더 아름답게 보일까. 과연 우리는 그게 무슨 차이냐고 자신 있게 대답할 수 있는가.

우리가 명품이라 일컫는 제품에는 제대로 대우받는 노동자의 생활과 인생이 고스란히 담겨 있는 것이 아닐까. 노동자의 시간은 그래서 곧, 품질로 직결되는 것이다. '장인의 숨결이 밴 명품'은 단지 손으로 만들었다는 것을 의미하는 게 아니다. '핸드메이드(hand-made)'는 제대로 된 환경에서, 제대로 대우받는 노동자의 수작업일 때 내세울 수 있는 말이다. 본드 냄새가 진동하는 공간에서 자세 한번 바꿔 앉을 여유 없는 노동자의 손은 그저 '기계화된 손'일 뿐이다. '사람의 손'이 아닌 것이다.

일하는 사람이 행복해야 아름다운 물건이 만들어진다는 사실을 지금처럼 분명하게 알게 될 줄 몰랐다. 지금 가방을 들고 다니는 모든 사람들이여, 당신의 가방 속에 담긴 행복의 크기가 얼마만 한 것인지 함께 들여다보지 않겠는가.

우리가 명품이라 일컫는 제품에는
제대로 대우받는 노동자의 생활과 인생이 고스란히 담겨 있는 것이 아닐까.
노동자의 시간은 그래서 곧, 품질로 직결되는 것이다.

봉제산업의 미래,
자구 노력과 정부 지원 함께 가야

박경모(서울의류봉제협동조합 이사장)

여성복을 주로 하는 창신동 647번지 일대, 남성복을 주로 하는 42번지 일대는 나라 안팎으로 팔려나가는 옷을 생산해 내놓는 드넓은 밭이다. 이 밭 한가운데에 듬직한 공간이 생겼다. 고된 일을 하다가 잠시 들러서 숨을 돌리기도 하고, 또 중요한 일이 생기면 머리를 맞대고 의논을 하는 곳이기도 하다. 그 이름은 '서울의류봉제협동조합'. 봉제공장 운영자들과 봉제인들이 모여 2012년에 협동조합을 꾸렸다.

나는 이사장을 맡아 조합을 책임지고 꾸려가고 있다. 이사장 외에 부이사장, 총괄운영위원장, 총괄이사, 자문위원단, 감사단이 있고, 조직은 기획부, 사업부, 교육부, 홍보부, 여성부, 디자인부로 나뉘어 있다. 팀마다 운영위원장을 포함한 이사들이 6~9명씩 포진해 있으며, 전체 임원단과 실무팀인 사무장과 과장을 포함해서 약 60여 명이 일하고 있다.

9명의 친목 단체에서 240여 명의 협동조합으로

비록 아주 넉넉한 공간은 아니지만 협동조합 사무실이라니! 감개무량한 일이다.

협동조합을 만든 지는 아직 몇 년이 안 됐지만 그보다 훨씬 더 오랜 시간이 지나간 것 같다. 우리가 서울시에서 1호로 생겨서 상징성이 큰 모양인지, 찾아오는 사람도 많고 사회 각계에서 우리 조합에 관심을 많이 보여준다.

1970년대 산업 성장의 산증인이라 할 수 있는 봉제산업 종사자들에게도 협동조합이란 하나의 놀라운 사건인 듯하다. 지난 긴 세월 동안 어떤 식으로든 한목소리를 내고 모임을 만들 엄두를 내본 적이 있었던가 싶다. 그전에 '봉제협회'라는 단체가 있긴 했지만 개인의 이익을 위주로 만들어졌기 때문인지 일찍 흐지부지되고 말았다. 그러나 오늘날 협동조합 결성도 사실은 우연히 이루어진 것이다.

우리가 처음부터 협동조합을 만들어야겠다고 계획한 것은 아니다. 2008년에 서울시에서 봉제인들을 위해 컴퓨터 교육을 해주었다. 우리 대부분이 컴맹이다 보니 구식이라는 눈치도 많이 받고 있던 터라 좋은 기회였다. 일주일에 두 번, 밤 9시에서 11시까지 두 시간씩 교육을 받았다. 그 교육 장소가 창신동 공장 647번지다. 그래서 처음 모임 이름이 '647'이었다. 3개월간 함께 교육받으면서 정이 든 9명의 봉제공장 사장들이 친목 단체를 만든 것이다. 교육이 끝나면 647번지 문밖에 두런두런 모여 앉아 고기도 구워 먹고 서로 술잔도 나누고 했다. 그곳을 지나치며 오가는 동네 사람들도 언제나 대환영이었다.

그렇게 2년쯤 지나다 보니 사람들이 점점 많아졌다. 처음에는 10명, 20명이던 모임이 입소문이 퍼지면서 점점 불어났다. 그렇게 한 200명 넘어가니까 단체를 구성하자는 이야기가 나오고, 그래서 2012년 8월부터 '의류봉제사랑회'라는 조직을 구성하게 되었다. 지금도 매월 둘째 주에 그 모임을 계속한다. 친목 단체에서 출발해 주식회사를 계획하다가 협동조합에 이르게 된 것이 우리 조합의 역사다.

협동조합 이야기가 있기 전에 주식회사를 설립하자고 했다. 한 10명 정도로 시작해서 출자금 300만 원씩 모아 주식회사를 만들려고 했는데, 그때 뜻을 같이하는 이들이 21명이나 되었다. 생각했던 것보다 많은 숫자가 모이니 서로 뜻이 잘 통하는 것 같아서 참 기뻤다. 그러다 조합을 만들자는 데 의견을 모은 것이다.

2012년 중반부터 조합 결성을 위한 준비를 해서 그해 12월에 창립 총회를 열었고, 2013년 1월에 조합 인가를 받았다. 조합원이 되려면 출자금으로 1인당 10만 원을 내야 한다. 현재 조합원 수가 240명인데 증가 추세에 있다. 여전히 인기 있는 친목 단체 '의류봉제사랑회'의 월례 모임에 참여하는 회원은 약 500여 명(월 회비 1만 원)에 이르지만, 그 회원들 모두가 조합원이 되는 것은 아니다. 그중에는 출자금 10만 원이 부담되는 이들도 있기 때문이다.

공동 판매장과 봉제공장으로 일감 나누기에 나설 터

현재 협회 사무실 아래층에는 작은 의류 판매장이 있다. 사무실과 마찬가지로 중소기업청에서 소공인 정책의 일환으로 지원해준 덕분에 생긴 공간이다. 현재 15명이 공동 입점을 해 자신들이 만든 옷을 전시·판매하고 있다. 조합 공장도 (2013년 말에) 문을 열 예정인데, 공동 봉제공장이 가동되면 그전보다 일감이 균일하게 제공되어 좀 더 안정된 환경에서 옷을 생산할 수 있을 것이다.

우리같이 옷 만드는 공장을 운영하는 이들은 모두 시장을 상대로 일한다. 각자 옷을 만들어주고 단가를 얼마씩 받는 시스템으로 일하는 임가공업자들이다. 가격 결정에서 목소리를 높일 수 있는 처지가 못 된다. 그래서 조합 공장이 가동된다는 사실에 봉제인들의 기대가 크다. 기관이나 큰 회사의 단체복 물량을 일괄 주문받아서 생산할 수 있기 때문이다. 현재 우리 같은 공장은 직원이래야 전부 3~5명 수준인데 주문이 없으면 그냥 논다. 지금도 많은 이들이 일감이 없어 놀고 있는 실정이다. 외주를 많이 받아서 일감을 나눠 가질 수 있다면 얼마나 좋겠는가. 일감 공급이 균일하게 이어질 수 있고, 단가 책정에서도 조금 더 유리해질 수 있다. 개인이 하청을 받아서 하는 것보다 조합에서 일감을 받아 나누면 생산자들이 단가를 더 높게 받을 수 있다는 말이다.

조합을 운영하면서 가장 어려운 점은 처음 생각했던 것보다 훨씬 더 많은 에너지와 자금이 필요하다는 것이다. 우리가 모은 돈 6,300만 원으로 가게까지 얻어야 하는 바람에 돈이 모자랐다. 중간에 임원들에게 출자를 늘리자고 설득해서 다시 모은 돈이 1억 2,500만 원 정도. 그전에 모아놓은 돈과 합해서 2억 원가량 되는데, 그것을 마냥 까먹을 수는 없으니 뭔가 사업을 해야 했다. 조합원들의 출자금인 종잣돈을 건드리지 않으려면 뭐든 수익 사업을 해야 한다는 것이었다.

여러 가지 아이디어가 나왔다. 일단 조합원들에게 필요한 물품을 중심으로 판매 사업을 구상했다. 가장 먼저 떠오른 아이템이 일회용 커피. 통상 슈퍼마켓에서 구입하면 개당 120원이지만 공동 구매로 현금 결제를 하면 개당 100원에 구매할 수 있다. 그렇게 구매해서 조합원들에게 110원에 팔면 조합과 조합원 각각 10원씩 이익금이 남으니 서로 이득이다. 실이나 테이프 등 부자재와 쓰레기봉투도 판매물품 대상이다. 조합원들이 많이 쓰는 물건을 공동 구매해서 다시 판매한다는 전략이다.

이뿐만이 아니다. 조합원들 대부분이 시골이 고향이라는 점에 착안했다. 여전히 그곳에서 농사를 짓고 있는 부모님이나 일가친척들의 농산품을 판매 대상에 올려놓았다. 고구마, 사과 등 시골에서 보내오는 농산물을 중간에서 유통 차익을 남기지 않고 판매하니 생산자나 조합원 모두에게 이익이 되었다. 그래도 시장 조사만큼은 정확하게 해서 판매한다. 조합원들에게 약간의 이익을 남겨 판매함으로써 운영비에 보태는 것이니 직접 몸으로 뛰어야 한다.

임대료 저렴한 아파트형 공장과 작업환경 개선이 절실

뭐니 뭐니 해도 협동조합이 가장 우선시하는 것은 조합원의 복지다. 현재 종로

구에서 운영되는 봉제공장 숫자가 무등록 사업장까지 합해서 1,600여 개에 이른다(2013년 7월 실태 조사 결과). 그중에 공장이 가장 밀집된 지역이 창신동이다. 봉제에서 마무리 단계까지, 미싱을 가지고 작업하는 곳을 통틀어 980개가 넘는다. 그런 만큼 창신동은 봉제가 돌아가야 동네가 다 돌아간다고 보면 맞다. 그런데 봉제 경기가 바닥이니 다 죽을 지경이다. 요즘 창신동 길에 오토바이 달리는 것을 보기 힘들다. 우리 동네에 오토바이가 전부 2,500여 대 있는데, 봉제가 잘 돌아갈 때에는 원단 싣고 다니는 오토바이 때문에 길을 다닐 수 없을 정도였다. 그런데 요새는 경기가 너무 안 좋아서 길이 한산하다. 만나는 사람마다 일감 좀 달라고 난리다.

협동조합 이사장으로서 일감을 많이 받아 와서 나눠줄 수 있었으면 하는 소망이 무거운 책임감으로 다가온다. 우리 같은 계통은 각 분야마다 전문이 있다. 블라우스, 재킷, 바지…… 공장마다 그중 하나씩만 전문으로 만드니, 그 분야에서는 최고라고 할 수 있다. 어느 정도냐 하면 아침에 주문 들어오면 저녁에 바로 제품이 나갈 수 있다. 예를 들어 이런 모양의 셔츠를 만들어서 저녁에 팔게 해달라고 주문이 들어오면 원단만 있으면 바로 만드는 것이다. 하루에 몇백 장 정도는 거뜬하다. 그런 시스템은 세계적으로 우리나라밖에 없다고 한다. 상권 자체가 창신동을 중심으로 주변에 다 모여 있으니 가능한 것이다. 원단 가게, 부속품 가게, 마무리 가게 등, 모든 것이 하나의 톱니바퀴처럼 착착 돌아간다.

그런데 단 한 가지 문제가 있다. 그런 가게들이 모두 여기저기 흩어져 있어서 원스톱 시스템의 장점을 제대로 살릴 수 없다는 것이다. 만약 창신동에 아파트형 공장이 들어온다면 얼마나 좋을까. 한 층은 바지, 또 한 층은 윗도리 등 이렇게 잘 연결이 되어 있으면 생산 환경이 아주 좋아진다. 그런 작업 환경이 마련된다면 지금보다 더 많은 작업량을 소화할 수 있을 것이다. 나아가 환경 개선도 저절로 이루어지지 않겠는가.

사실 우리가 가장 첫 번째로 해야 할 일이 바로 환경 개선이다. 제품을 만들고 나면 천 조각이 정말 많이 나온다. 전부 쓰레기인데 그걸 어떻게 처리하느냐가 우리에게는 큰 문제다. 쓰레기봉투에 담아서 버리는데 엄청 무겁다. 건물에 엘리베이터가 있으면야 식은 죽 먹기겠지만 지금의 작업장 환경으로는 꿈도 못 꾼다. 또 일의 특성상 공장에 먼지가 아주 많이 생기는데, 요즘 누가 그 먼지 속에서 밤늦게까지 일하겠는가.

동대문 일대 환경 개선을 위해 많은 이들이 노력했지만, 피부에 와 닿는 시도였는지는 의문이다. 동대문비즈센터 같은 것을 만들긴 했는데 평당 임대료가 너무 비싸다. 선거 때마다 국회의원이나 시장 후보들이 저마다 지어준다고 약속하지만 사실 어렵다는 것을 우리도 안다. 땅값이 너무 비싸기 때문이다. 더구나 지금은 봉제가 호황이 아니니 더하다. 서울시가 아파트형 공장을 지어서 우리에게 임대를 주고 들어가게 해주면 좋을 텐데, 아직은 기대만 걸고 있다.

위기의 봉제산업, 함께 뭉쳐서 돌파구 찾을 것

무엇보다 앞날이 걱정이다. 앞으로 10년 후에는 어쩌면 봉제가 없어질지도 모른다는 생각이 들 정도다. 배우는 사람이 없기 때문이다. 시절이 워낙 다르지만 우리는 안 할 말로 맞아가면서 배웠다. 그렇게 배워서 일한 지가 다들 수십 년 세월이다. 우리 조합 임원들 중에서도 올해로 28년차인 친구가 아마 경력이 제일 짧은 축에 속할 것이다.

물론 전순옥 의원이 만든 한국패션봉제아카데미에서 교육을 하고 있고, 우리도 중기청에서 지원받는 특화 교육을 하고 있다. 하지만 현장 실습을 나온 교육생들 중에 공장에서 봉제일을 하겠다는 사람은 없다. 여기서 일하겠다고 온 사람들이 아니라 자기가 수선집이라도 한번 해보려고 배우는 사람들인 것이다. 그전에는 여기서 일하는 사람들 중 제일 고학력자라고 해야 고등학교 마치고 온 사람들이었지만, 요즘은 웬만하면 대학 졸업장이 있다. 그러니 이런 곳에 와서 일하려고 하겠는가.

우리가 협동조합을 결성한 것도 우리나라 봉제산업이 사양길에 접어들고 있는 현실을 보면서 이대로는 안 되겠다는 위기의식에서 다들 뭉쳐야겠다고 나선 것이다. 현재 조합 공장이나 공동 판매장 운영은 일감 나눔의 초기 단계로, 기운이 점점 빠지고 있는 봉제산업의 돌파구를 찾아보려는 시도다.

조합의 목적이 크게는 봉제인 전체의 복지지만 일차적인 목표는 조합원의 수익이다. 수제화나 다른 제조업 간의 협업화를 추진하는 공동 사업도 구상 중이다. 결국 제조업에 종사하는 모든 이들이 잘살아갈 수 있는 길을 찾고자 하는 큰 바람을 밑그림으로 그려놓고 있다. 하지만 어떤 길을 가야 그 목적지에 다다를지는 아직 분명히 보이지 않는다.

해마다 송년회를 열 때면 감회가 새롭다. 봉제인들이 한자리에 모여 서로를 격려하고 위로할 수 있는 자리다. 조합원들의 표정에서 지난 시대의 그림자가 겹친다. 어렵고 힘든 일을 나눌 여유도, 그럴 만한 시간과 자리를 찾기도 어려운 나날들이었다. 서울의류봉제협동조합은 앞으로 그런 모든 아픔과 절망을 함께 나누고 보듬어줄 넉넉하고 든든한 울타리가 되어줄 것이다.

박경모 이사장은......

1979년, 열아홉 살에 창신동에 처음 발을 디뎠다. 조그만 공장을 운영하던 삼촌을 도와주면서 시작한 일이 평생직장이 되어버렸다. 창신동 사람으로 36년을 먹고살았으니 살붙이 같은 동료와 후배들을 위해 뭔가 역할을 해야겠다는 생각으로 서울의류봉제협동조합 이사장을 맡았다. 숙녀복 바지를 전문으로 생산하는 공장도 운영 중이라 하루가 바쁘다. 아침 일찍 공장에 나가서 일을 처리하고, 조합 사무실에 들어서기 바쁘게 약속과 회의가 줄지어 기다린다. 2014년 10월에 출범한 '도시형 패션소공인 발전협의회' 부위원장을 맡아 업종 간 협력을 통한 시너지 효과 및 공동 발전방안을 마련하기 위해 노력 중이다. 요즘은 동대문시장의 의미, 우리나라 봉제산업의 가치를 제대로 짚어야 한다는 움직임이 점점 더 기운을 얻고 있는 것 같아 처진 어깨에 조금 힘이 들어간다.

기술자를 천대하는 한 패션산업의 미래도 없다

장효웅(패턴 장인, 경력 43년)

손으로 만드는 가치와 정성을 알아준다면, 낙엽으로라도 구두 못 만들까

양영수(구두 장인, 경력 37년)

기술은 이미 최고, 유통만 지원해주면 액세서리로 먹고사는 나라 된다

김상실(전통공예 장인, 경력 25년)

02
—
우리가
한마디 해도
되겠습니까?

장
효
웅

패턴 장인,
경력 43년

기술자를 천대하는 한
패션산업의 미래도 없다

—

1955년	서울 출생
1973년	앙드레김 부티크에서 양장업계에 입문하다
1979~2007년	이광희 부티크, 미스박 테일러, 김정아 부티크, 루치아노최, 이원재 등 국내 최고의 명품 부티크에서 생산부장, 패턴실장 등으로 근무
2007년	노브랜드의 패턴실장으로 일하며 한국패션봉제아카데미에서 강사 활동 시작
2009년	한솔섬유 개발실 차장으로 입사
2014년~현재	한국패션봉제아카데미 상임이사로 봉제 기술자 양성 및 봉제산업의 질적인 성장을 위해 노력 중이다

동대문역 바로 앞에 자리한 작고 오래된 7층 건물. 한국패션봉제아카데미의 봉제 전문인력 양성사업 교육장이 있는 곳이다. 교육은 이곳과 인근의 서울디자인지원센터 4층에 입주해 있는 봉제아카데미 본원에서 이루어진다. 이곳에서 미래의 패턴사들을 가르치고 있는 43년 경력의 패턴 장인 장효웅 씨를 만났다. 미싱 여러 대가 놓인 재봉 실습실 옆의 아담한 회의실은 이내 그의 목소리로 꽉 찼다. 작정한 듯 쓴소리를 쏟아내는 장인의 표정에서 비장한 결기마저 느껴졌다. 대체 무엇이 노(老)패턴사의 가슴을 이렇듯 안타까움과 분노로 가득하게 만들었을까. 얼른 그의 이야기에 귀를 기울이지 않을 수 없었다.

기술자에게는 정년이 없다

—

올해 예순을 막 넘긴 장효웅 씨는 패턴에 관한 한 '고개를 숙일 대로 숙인 벼'다. 그의 솜씨는 실로 천의무봉(天衣無縫, 천사의 옷은 꿰맨 흔적이 없다는 뜻으로, 일부러 꾸민 데 없이 자연스럽고 아름답다는 말)의 경지라는 평가를 받는다. 그런 그가 최근 현직에서 물러났다. 다니던 회사에서 '정년'이라며 나가달라고 했기 때문이다. 그의 표정에 깊은 씁쓸함이 묻어났다. 자신의 기술이 나이를 넘어설 수 힘을 가지고 있다고 확신하기 때문이다.

자타 공인 최고의 기술자이신데 떼밀리듯 나오게 돼서 무척 속상하신 것 같습니다.

"자동차 기업은 노조가 있어서 공장을 해외 이전하면 난리가 나는데, 부가가치가 더 높은 의류산업에는 노조가 없습니다. 그러니 최고 기술자로 인정받으며 일하던 사람에게 어느 날 정년이라며 나가라고 해도, 말 한마디 못 하고 짐을 쌀 수밖에요. 어제까지 같이 일하던 동료들이 더 안타까워해요. 우리 일에는 정년, 그런 개념이 없거든요. 그런데 갑자기 나가라고 하니 참 기가 막히지요. 먹고사는 게 걱정이 돼서 하는 말은 아니에요. 우리처럼 기술 가진 사람들은 뭘 하든 먹고살 수는 있지요. 하지만 경우를 따져볼 때 어떻게 그럴 수 있느냐, 이 말입니다!"

전반적으로 기술자들에 대한 처우에 문제가 있다는 말씀이군요.

"지금 우리 의류 기술자들은 일할 데가 없습니다. 그동안 의류회사들은 싼 공임을 찾아 다들 외국으로 나가버렸지요. 그전에는 주로 대량생산하는 쪽이 외국으로 갔는데, 이제는 소량생산도 나가고 그것도 모자라서 샘플 작업까지 외국에서 합니다. 어떤 TV 방송에서 잘나가는 의류업체를 소개하는데, 국내 사정이 어려울 때 해외로 나가 성공했다며 추어올리고 아주 난리더군요. 그걸 보면서 국내 생산을 안 하고 외국 노동자들에게 제조를 맡겨도 과연 한국 회사라고 할 수 있을까 싶었습니다."

국내 생산을 포기하는 것은 국내 노동자를 포기하는 것이고, 우리 제조업을 죽이는 일이다…….

"임가공료가 좀 비싸다고 여기서 안 만들기 시작하면, 결국 우리 기술자들은 다 사라지게 됩니다. 그런데 샘플 작업까지 밖에서 한다면 나중

"임가공료가 좀 비싸다고 여기서 안 만들기 시작하면,
결국 우리 기술자들은 다 사라지게 됩니다.
그런데 샘플 작업까지 밖에서 한다면 나중에 어떻게 되겠어요?"

에 어떻게 되겠어요? 베트남이나 인도네시아 쪽 사람들이 기술을 다 가져가면, 해외 바이어들이 굳이 한국까지 찾아와 주문을 넣을까요? 저는 그러지 않을 거라고 봅니다!"

샘플 작업이라는 게 대량생산에 들어가기 전에 미리 완성본을 만들어보는 일이잖아요? 그러자면 상당히 높은 기술 수준이 요구되고요.

"맞습니다. 의류제조 공정의 마지막 단계이자 가장 완벽한 기술을 요하는 것이 샘플 작업이에요. 그런 만큼 최고 기술자들의 솜씨가 필요하지요. 그런데 이 돈 몇 푼 아끼자고 샘플 공장까지 해외로 옮기는 건 도무지 이해가 안 됩니다. 그건 정말 바보 같은 일 아닌가요? 나같이 무식한 공돌이도 이런 생각을 하는데, 높은 분들이 그걸 모른다고요? 방법을 찾아야 합니다. 기업에서 매출이 얼마 이상 오르면 국내 생산 시스템을 유지하도록 법으로 못 박아놓자는 것이지요. 그렇게 법을 만들어놓으면 국내 생산이 가능할 테고, 최소한 우리 기술자들이 살아남을 것 아닙니까!"

장효웅 씨는 바른말 하기를 주저하지 않는 사람이다. 마음에 담고 있는 말은 내뱉어야 직성이 풀린다. 살아오면서 답답한 일이 하도 많아서였을까. 단순히 그 이유만은 아닌 듯하다. 자신의 목소리를 내도 될 만큼 실력이 있다고 확신하기 때문이다.

감히 중학교밖에 안 나온 기술자 주제에

—

그는 양장업계에 입문할 때부터 국내 최고급 부티크에서 실력을 다졌다. 처음 '앙드레김'에서 2년을 보낸 뒤 박윤정 디자이너의 '미스박 테일러'에서 9년, 이후 김정아 부티크, 루치아노최 등 국내 명품 부티크를 거의 섭렵했다. 또한 대기업 의류회사로 스카우트되어 높은 연봉을 받으며 근무했던 일류 패턴 전문가이기도 하다. 영부인 옷을 비롯해서 대한민국 최고급 옷은 대부분 그의 손을 거쳤다고 해도 과언이 아니다.

그런 그가 한국패션봉제아카데미에서 일하게 된 것은 몇 년 전, 당시 아카데미 대표였던 나(전순옥)의 권유 때문이었다. 나는 동대문 의류산업에 새로운 불씨를 지피기 위해 뜻있고 실력 있는 전문가들을 봉제아카데미 강사진으로 모시고자 노력했다. 그러한 노력은 무엇보다 아카데미 교육생들에게 가장 큰 도움이 되었다. 하지만 기술의 맥을 이어가야 한다는 취지에 흔쾌히 합류한 그에게 자격증을 요구하는 등 행정의 벽은 높고도 답답했다.

관청은 아무래도 형식과 절차를 중요시하다 보니 이런저런 충돌이 있었지요.

"의원님도 아시다시피 저만 해도 여기서 강의한 지가 8년입니다. 서울시나 다른 부서 공무원들이 이렇게 묻는다더군요. 거기 강사들, 자격증 있느냐고요. 우리한테 왜 자격증이 필요합니까? 우리가 자격증을 줘도 시원찮을 판에. 서울시, 산업부, 고용노동부, 이런 기관들은 이쪽 현장일을 잘 모르니까 형식적으로 자격증을 먼저 따지는 거지요."

국가기관이 먼저 기술자를 인정하고 대우해주는 모습을 보여야 사회적으로 기술에 대한 생각과 태도가 달라질 텐데요.

"봉제사나 패턴사, 이런 기술자를 대학 졸업자나 박사학위 소지자하고 비교하면 안 되잖아요? 그런데 아무리 기술이 좋아도 기술자는 박사보다 연봉을 더 높여주려고 하지 않아요. 고정관념이지요. 감히 중학교밖에 안 나온 기술자 주제에, 어떻게 박사보다 돈을 더 받을 수 있느냐는 겁니다. 기술 가진 이들을 존중하기는커녕, 무시해버리는 겁니다."

봉제아카데미 강사료 수준은 어떻게 보십니까?

"제가 처음에 아카데미에서 '손 패턴'을 강의할 때, 시간당 10만 원을 받았습니다. 그런데 담당 관청에서 강사비가 너무 높다고 난리가 나더니, 다음번 강의부터는 절반으로 깎아버리더군요."

기분 나쁘고 자존심도 많이 상하셨을 텐데 왜 그만두지 않으셨습니까?

"당연히 계속해야지요. 기술을 전수해야 하니까요!"

장효웅 씨는 최근에 정년으로 퇴사 통보를 받기 전까지, 무려 8년간이나 낮에는 회사를 다니고 밤에는 봉제아카데미에서 강의를 했다. 하지만 그동안 자기 시간을 쪼개가며 강사로 나선 기술자에 대한 처우는 달라진게 없다고 한다. 요즘은 아카데미 홍보나 봉제산업의 중요성을 환기시키기 위한 일의 규모가 다소 커져서 그나마 좀 위로가 된다며 웃는다.

올해 예순을 막 넘긴 장효웅 씨는 패턴에 관한 한
'고개를 숙일 대로 숙인 벼'다.
그의 솜씨는 실로 '천의무봉'의 경지라는 평가를 받는다.

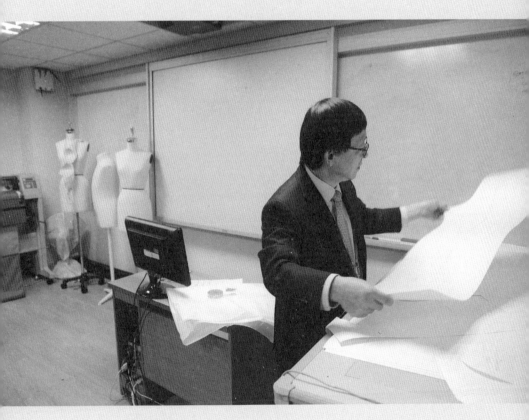

'앙드레김'브랜드가 샤넬이 못 되는 이유
—

그는 우리나라 패션·섬유산업의 산증인답게 지난 역사와 부침의 과정을 알기 쉽게 설명해주었다. 우리나라에 본격적으로 의상실이 들어선 것이 60여 년 전이라고 한다.

"우리나라 양장 패션이 노라노 선생님부터 시작됐는데요. 보세요, 노라노 선생님은 아직 살아 있는데 그분의 옷은 어떻게 됐나요? 없어졌지요? 그럼 세계적인 브랜드, 예컨대 샤넬은 어떻습니까? 디자이너 샤넬은 죽었는데 샤넬 옷은 살아 있잖아요. 우리는 반대로 디자이너는 아직 살아 있는데 옷은 이름 없이 사라졌습니다. 왜 그럴까요?"

말씀을 듣고 보니 정말 궁금하네요. 샤넬은 죽었는데 어째서 샤넬 옷은 전 세계 여성들의 로망이 될 수 있었는지, 우리 디자이너들의 옷은 왜 그렇게 빨리 사라져 버렸는지 말입니다.

"기술자 양성을 안 해서 그래요. 샤넬은 기술자들을 우대해줬기 때문에 주인이 죽었어도 그대로 남아 그 브랜드를 가지고 일을 하는 겁니다. 다른 디자이너가 와서 다른 그림을 그려도, 라인은 바뀔망정 샤넬의 기본 틀은 변함이 없는 거지요. 전에 있던 그 봉제사가 봉제를 하고 그 패턴사가 패턴을 뜨니, 샤넬은 영원히 가는 것입니다. 게다가 자부심을 가지고 대를 이어 기술을 전수하다 보니 그 기술이 100년이 가도 살아남게 되지요. 영원히 살아 있는 것입니다. 앙드레김 선생님이 돌아가시고 그분 옷이 지금 어디 갔습니까? 진작에 사라졌지요. 이게 우리나라 패션의 현실이에요!"

브랜드의 가치는 기술자들에게 달려 있다는 말씀이네요.

"옷 만드는 일은 정말 손기술입니다. 디자이너 브랜드가 살아남아도 기술자가 달라지면 옷은 같을 수가 없지요. 기술자를 홀대하면 옷은 그 품질을 보증할 수 없다는 말입니다."

우리나라도 그전에는 패션을 일종의 개인 사업으로 치부하다가, 최근 들어 패션·섬유 산업을 육성하기 위해 여러 가지 지원책을 내놓고 있습니다. 의류 기술자들에 대한 지원책은 어떻습니까?

"기술자 지원, 하나도 안 합니다. 신진 디자이너를 발굴해야 한다는 말만 하지요. 당장 디자이너들이 매장을 내고 일을 해야 우리 기술자에게도 일거리가 생긴다는 건 맞는 말입니다. 그런데 신진 디자이너들이 패턴사나 봉제사들에게 충분히 공임을 주면서 일을 시킬 형편이 못 됩니다. 우선적으로 지출할 곳이 많으니, 돈이 없어서 좋은 봉제 기술자에게는 일감이 안 갑니다. 결국 싸구려 봉제에, 싸구려 패턴으로 가는 거지요. 그러면 옷이 제대로 나올 수가 없어요. 디자이너만 지원할 게 아니라 봉제하는 기술 인력도 직접 지원하는 제도가 생겨야 합니다."

선생님을 비롯한 선배 기술자들의 역할도 필요할 것 같은데요.

"안 그래도 저부터 봉제아카데미를 중심으로 새로운 시도를 해보려고 합니다. 젊은 디자이너들에게 저렴한 공임으로 훨씬 더 좋은 패턴을 떠주는 일 말입니다. 같이 일해보자는 것이지요. '여기가 젊은 여러분의 무대가 되기를 바란다. 우리 함께 노력해서 더 좋은 옷을 만들어보자!' 그렇게 말하고 싶습니다."

억대 연봉을 받으시던 분이 패턴을 직접 떠준다고 하면 신진 디자이너들이 깜짝 놀라겠군요. 잘 모르는 독자들을 위해 옷에서 패턴이 왜, 얼마나 중요한지 말씀해주시겠어요?

"패턴이란 옷의 본(本)입니다. 젊은 디자이너들에게 좋은 패턴을 보여주면서 '옷은 이렇게 만들어야 된다'는 말을 하고 싶은 거지요. 작은 브랜드라도 자기만의 라인을 살릴 수 있게 도와주고 싶어요. 남의 디자인 카피할 생각하지 말고, 각자가 분명한 선을 가질 수 있도록 패턴을 만들어주겠다는 겁니다. 앞으로 제가 그런 일을 할 겁니다."

이 인터뷰가 책으로 출판되면 공개적으로 약속하시는 셈이 되는데, 괜찮으시죠?(웃음)

"어차피 안 할 수가 없게 됐어요. 주변에 대고 하도 떠들어대서요. 또 매일 스스로를 타이릅니다. 과거 연봉에 연연하지 말고, 조금 덜 벌어도 만족하며 살자고요. 친구들한테도 얘기합니다. 혹시 내가 돈 욕심을 내면 한 대 때려달라고 말이지요. 하하하⋯⋯."

선생님처럼 뛰어난 기술을 전수하고 나누려는 시도가 의류·봉제산업 전반으로 확산되기 위해서는 좀 더 큰 그림이 그려져야 하지 않을까요?

"일단 저 같은 사람이 많이 나와야 하는데, 그러자면 수입이 어느 정도는 보장돼야 합니다. 정부에서 지원을 해주는 것이 최선이지만, 기업체들이 기부금 형식으로 후원한다면 충분히 가능성 있는 얘기 아닐까요? 만약 업체에서도 기능인을 우대하지 못하겠다면 이런 식으로 우리 스

"매일 스스로를 타이릅니다.
과거 연봉에 연연하지 말고, 조금 덜 벌어도 만족하며 살자고요.
친구들한테도 얘기합니다. 혹시 내가 돈 욕심을 내면
한 대 때려달라고 말이지요. 하하하……."

스로 하겠다는 거지요. 우리 기술자들을 붙들어 하나로 묶어야 합니다. 기술자가 멸종되지 않게 말입니다."

그런 점에서 실력 있는 봉제 기술자를 키우고 지키는 데 봉제아카데미의 역할이 클 것 같습니다.

"의원님도 잘 아시겠지만 지금 강의하시는 분 모두가 현장에서 오랫동안 일한 최고의 전문가들입니다. 교육생들이 '여기는 뭔가 다르다'는 말을 자주 합니다. 우리 아카데미가 궁극적으로 대학의 위탁 교육 같은 것, 그렇게 된다면 참 좋겠어요. 우리나라도 의상학과에서 실무진이 교육하는 여건이 마련돼야 하지 않겠습니까? 제대로 된 디자이너들을 키울 수 있게 말이지요."

장효웅 씨는 그동안 아카데미에서 강의하면서 학생 교육용 패턴 제도 및 봉제법에 관한 교재를 여러 권 내놓았다. 『스커트&바지 패턴』(안현숙·배주형·장효웅 공저, 일진사 펴냄), 『재킷 패턴』(안현숙·배주형·장효웅 공저, 일진사 펴냄), 『패턴메이킹』(배주형·장효웅 공저, 일진사 펴냄) 등 교수들과 공동 작업으로 출간한 책들도 있다. 자신의 기술에 대한 자부심과 그 기술의 맥을 잇기 위한 노력이 빚어낸 결실인 셈이다.

디자이너 브랜드가 살아남으려면
기술자와 같이 가야

—

그는 패턴일을 평생 해온 사람들 중에서도 자신은 '행운아'라고 말한다. 또 스스로를 '독종'이라고도 한다. 부모님 모시고 살면서 자식농사 잘 지었고, 내 집 장만도 했으니 그렇다는 말이다. 게다가 같은 뜻으로 평생 함께해온 아내가 곁을 든든하게 지켜주니 더 바랄 게 없단다.

지금은 패턴 쪽에서는 이름만 대면 다 아는 분이지만, 성공하시기까지 많은 어려움이 있었겠지요.

"원래 가난한 집 아이들이 기술을 배우잖아요. 그런데 이 일을 하면서 신분 상승은 어렵지요. 실제로 평생 일해도 쪽방에 사는 사람이 많습니다. 저 역시 부모님 모시고 온 식구가 단칸방에서 시작했습니다. 아르바이트를 동시에 네 개 이상 해봤어요. 밤늦게 촛불 켜고 책을 보다 불을 낸 적도 있고요."

패턴사가 되기 위해서는 어떤 과정을 거쳐야 할까요?

"이 일은 그저 보고 배운다고 되는 게 아닙니다. 일단 현장에서 허드렛일을 다 해야 하거든요. 옷 제작의 전 과정을 알아야 패턴일을 시작할 수 있습니다. 저는 양장점 시절 선생님 밑에서 천을 잘라 손 가봉(시침질)하는 것부터 배웠습니다. 최소한 5~10년은 그런 과정을 거쳐야 패턴사가 될 수 있습니다. 그러다 보니 처음 3년 정도 하다가 못 견디고 그만두는 사람도 많지요."

그래도 의류봉제 분야에서는 패턴사가 가장 대우가 좋은 편이지요?

"패턴사가 되면 일단 수입을 보장받는데, 실력에 따라 다릅니다. 전체 의류봉제업 종사자 중 패턴사는 10분의 1 정도 될 겁니다. 열심히 해서 패턴사 명함을 달아도 높은 연봉을 받을 만한 실력을 갖추려면 굉장히 힘들지요."

아드님에게 패턴 기술의 대를 물려주셨다고 들었습니다.

"어릴 때부터 '공부하기 싫으면 하지 마. 그 대신 건강해라' 그랬어요. 참 고맙게도 건강하게 잘 커줬지요. 제대한 그날로 데리고 다니며 패턴을 가르쳤는데, 아주 잘 배웠어요. 한 1년 그렇게 했더니 그다음부터는 혼자 배우더라고요. 그래도 실력을 갖춘 정식 패턴사가 되는 데 12년 걸렸습니다. 제가 제 아들을 직접 가르치는데도 그렇게 오래 걸렸어요. 그런데 요즘 대학에서 한 2년 가르쳐서 패턴사를 만든다고요? 말도 안 되지요!"

얼마나 힘든 길인지 누구보다 잘 아시면서 선뜻 가르치게 된 이유가 궁금합니다.

"과정이 힘든 만큼 확실한 비전이 있다고 믿었기 때문입니다. 더 중요한 이유는, 저는 지금도 이 일이 정말 재밌어요. 아무리 과학이 발달해도 사람이 움직여야 작동이 되는 부분이 있거든요. 물론 컴퓨터로 패턴 작업을 하기도 합니다만, 결국 사람 손이 가야 해요. 봉제 분야도 그렇고, 요즘은 워낙 다양하고 좋은 기계가 많이 나와서 새로운 기술을 따라잡으려면 열심히 배우고 익혀야 합니다. 하지만 사람 손이 절대로 필요

평생 '옷의 기본'을 만들어온
패턴 장인 장효웅 씨.
천사의 날개옷 같은
부드러운 천만 만지며
일해온 그에게서 쇠를 벼리는
대장장이와 같은 강인한 힘,
기본기의 저력이 느껴졌다.

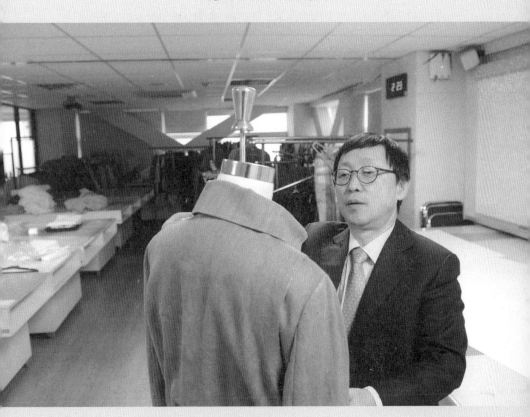

하지요."

부자지간을 넘어 패턴사 선후배가 됐으니 대화도 잘 통할 것 같습니다.

"아들이 의류 무역회사에서 일하고 있는데, 지금도 모르는 부분이 있으면 스스럼없이 물어옵니다. 이젠 말로만 설명해도 알아듣는 수준이 됐어요. 중간에 슬럼프에 빠진 적도 있었지만 잘 극복하고 따라왔습니다. 아들이 패턴사가 된 게 저는 정말 자랑스럽습니다."

이제 마무리 질문을 드려야 할 것 같습니다. 선생님이 생각하시는 좋은 옷이란 어떤 옷입니까?

"몸의 선이 흐르는 대로 잘 표현해주는 옷이지요. 싸구려 옷은 옷 따로 몸 따로 놀아요. 그저 마구 박아버리니까요. 그런 의미에서 물론 패턴도 좋아야 하지만 봉제가 중요합니다. 요즘 스파(SPA, 제조·유통 일괄형 전문 소매점. 일명 패스트패션) 브랜드를 많이 찾는데, 그런 옷은 얼마 못 갈 겁니다. 우리가 보기에 완전히 싸구려 봉제거든요. 사람들은 자기 몸에 맞는 옷, 자기 몸을 잘 나타내주는 옷을 찾게 돼 있지요."

장기적인 관점에서 우리나라 패션산업의 방향을 짚어주신다면요?

"누차 하는 얘기지만 기술자를 우대해야 합니다. 우리나라에도 당연히 세계적인 명품 옷, 디자이너 브랜드가 있어야 해요. 디자이너 브랜드가 살아남아야 외국인들이 옷을 사러 올 것 아닙니까. 한국 옷을 사 입고 싶게 만들어야지요. 그런데 그런 디자이너가 살아남으려면 어떻게 해야 합니까? 기술이 같이 가줘야 하거든요. 그러지 않으면 불가능해요. 지금은 기술자를 우대하지 않아서 세계적인 브랜드가 안 나오는 것 아닌가,

02 우리가 한마디 해도 되겠습니까?

저는 그렇게 생각합니다. 기술에 대한 투자도 없이 그냥 디자인 베끼기만 바쁘지요. 기술자를 천대하면서 무슨 세계 수준을 애기합니까!"

　평생 '옷의 기본'을 만들어온 패턴 장인 장효웅 씨. 천사의 날개옷 같은 부드러운 천만 만지며 일해온 그에게서 쇠를 벼리는 대장장이와 같은 강인한 힘, 기본기의 저력이 느껴졌다. 40년이 훌쩍 넘은 시간을 옷과 함께 보냈지만 지금도 매번 새로운 느낌으로 다가가게 된다고 말하는 이에게 누가 감히 '정년'을 말할 수 있을까. 예순의 나이에도 마치 소년처럼 반짝이는 눈빛으로, 그는 내일이라는 이름의 패턴을 뜨고 있었다.

양
영
수
—

구두 장인,
경력 37년

손으로 만드는 가치와 정성을 알아준다면
낙엽으로라도 구두 못 만들까

—

1965년	경기도 평택 출생
1979년	10대 중반, 금호동 살롱화 전문점에서 남성화로 구두 세계에 입문하다
1988년	성수동 살롱화 전문점에서 구두 패턴사에 입문, 여성화 시작
2006년	'스코올제화' 창업하다
2011년	서울 성수동 수제화 타운 공동 판매장에 참여
2012년	서울 성동구 중소기업 종합지원센터에서 '제화기능교육' 시작
현재	스코올제화를 운영하며 기술 전수에 힘을 쏟고 있다

"여기를 이렇게 덮어버리고, 이 부분은 살짝 올리고, 그런 식으로 하면 작품이 나온다니까. 남화(男靴)는 묵직하게 해야 모양이 나오지."

구두 장인 양영수 씨는 서울 성동구 중소기업 종합지원센터에서 '제화기능교육'을 하고 있었다. 성동구는 2012년부터 지역 전통산업인 제화산업 발전을 위해 제화 기술에 관심 있는 이들을 위한 교육을 실시해왔다. 이 프로그램에 30~40년 경력의 성동구 수제화 장인 10여 명이 팔을 걷어붙이고 나섰다. 자원봉사로 6개월간 수업을 진행하며 칼 갈기와 기계 사용법 등의 기초 과정에서부터 구두 겉가죽과 밑창 다루는 법 등 수제화 제작의 전 과정을 가르치는 중이다. 양영수 씨는 일주일에 3회 수업을 진행한다. 수업이 있는 날은 오후를 고스란히 교육에 바친다.

교육 강도는 아주 세다. 일요일을 제외하고 매일 오전 10시부터 오후 5시까지 6개월간 이론과 제작 실습을 병행하는데, 연속 세 번 결석이면 그대로 '아웃'이다. '이어폰 사용 금지', 'SNS 금지' 같은 문구가 벽면에 붙어 있었다. 하지만 굳이 그런 경고 문구가 없어도 20~30대의 젊은 교육생들은 각자 구두 제작에 열중하느라 여념이 없어 보였다. 접착제 냄새 따위는 신경도 쓰지 않는 듯했다. 교육생들은 실습 마지막 주에 전시회에 내놓을 작품(남녀화 각 1족씩)을 준비 중이었다. 양영수 장인의 손길을 따라잡으려는 젊은이들의 눈빛에서 열기가 느껴졌다.

만드는 일에만 집중할 수 있다면

서울 성수동 수제화 타운은 디자인·영업·마케팅을 집약시켜 소비자와 직접 만날 수 있는 '구두 마을'을 만들기 위해 시작되었다. 현재 이 일대에는 350개의 제화업체에 3,000여 명이 종사하고 있다. 서울성동제화협회가 2011년 6월부터 공동 판매장을 개설해 운영 중인데, 현재 25개 업체가 입점해 있다. 전국적으로 수제화 타운이 형성되기를 기대하면서 전국 대리점을 모집 중이다. 37년 세월을 구두 만들기에 바쳐온 장인의 눈에 비친 수제화 타운은 어떤 모습일까.

"글쎄요…… 좀 더 특징적인 성격이 필요하지 않을까 싶어요. '거기에 가면 보기 드문 디자인이 있더라' 하는 입소문이 나야 사람들이 더 모이지 않겠습니까? 특색 있는 구두를 선보일 수 있는 공간을 마련해야 하는데, 아직은 다소 부족한 것 같습니다."

자치단체 차원에서 본격적인 지원이 이루어지고 있는데, 체감하시기에 어떻습니까? 수제화산업이 활성화될 조짐이 보이나요?

"제조가 살아야 하는데 아직 굉장히 열악합니다. 납품업체에서는 단가를 깎고, 재료업체에서도 이제 외상을 안 줍니다. 우리 같은 이들은 중간에서 이리 치이고 저리 치이고, 그러다 보면 돈을 못 갚아서 연체되고 신용이 나빠지기 일쑤지요. 그전에는 살롱화를 만들었는데 마진(이윤)이 꽤 좋았습니다. 다른 것에 비해서 좋았다는 것이지요. 지금은 마진

이 너무 없어요. 그때는 신발도 마음대로 만들 수 있었는데, 언제부턴지 이 제조가 내리막길이라는 거지요. 발전이 안 돼요. 뭔가 잘 만들어보려고 해도 단가를 안 쳐주니 가격을 제대로 못 받게 되고……. 그러니 결국 고부가가치 제품을 못 만드는 겁니다."

'스코올제화'라는 자체 브랜드를 가지고 계시지만 주문을 받아서 납품하는 일도 하시지요?

"아직은 납품 비중이 더 크지요. 그런데 여기에 불합리한 관행이 너무 많습니다. 예컨대 납품 오더를 내는 업체는 동대문 어디에 가면 어느 재료를 가장 싸게 살 수 있다면서 그 가격으로 단가를 쳐주거든요. 그런데 그 가격에 사려면 우리가 동대문으로 현금을 들고 가야 하는데, 시간이며 현금 수급이며 우리가 그럴 형편이 안 되거든요. 우리한테는 두 달 뒤에 결제를 해주면서 말이지요."

성수동 수제화 타운 공동 판매장의 현황은 어떻습니까? 백화점에 납품하는 제품을 싼값에 살 수 있으니 소비자들의 관심을 끌기에 충분할 것 같은데요.

"똑같은 제품을 상표를 다르게 해서 내놓으면 백화점 가격의 반값인데도 잘 안 삽니다. 가격을 두 배 주더라도 브랜드 상표가 붙은 것을 사겠다는 소비자의 마음을…… 이해는 하지만 안타깝지요. 우리가 공동 판매장을 낸 이유는 혼자 힘으로는 아직 안 되니까 모여서 힘을 합친 것입니다. 일단 손님이 '대박'으로 모여야 하는데 아직 그 수준은 아니고요."

수제화산업 활성화를 위해 다양한 시도가 이루어지고는 있지만, 운영상의 문제점을 비

롯해서 좀 더 실질적인 개선 방안이 필요하다는 말씀이군요. 그동안 정부 정책이나 공적인 경로를 통해 지원을 받은 적이 있으신가요?

"공장 차릴 때, 7년 전이네요. 그때 창업 지원금 한 번 받고, 그 후에 운영 지원금 받은 게 있는데 이제 거의 다 갚았습니다. 은행보다 싸게 빌릴 수 있으니 큰 도움이 됐지요. 공짜를 바라는 게 아니라, 요즘 같아서는 운영 자금 보증금이라도 지원해준다면 얼마나 좋을까 싶어요. 그런 게 있다고 듣긴 했지만, 제가 잘하지 못하는 구석(일)이라서요. 서류 작성도 서툴고……. 신용이 좋아야 사업을 할 수 있는데, 그게 참……."

서류 이것저것 만들고 준비하기가 워낙 쉬운 일은 아니지요.

"서류만 잘 쓰면 돈이 나오는데, 우리 같은 사람들은 구두 만들 줄이나 알지 서류 만드는 일은 전혀 모릅니다. 설령 어떻게 하면 되는지 알더라도 잘 안 가게 돼요. 무슨 말인가 하면, 돈을 마련하는 데 머리를 쓰기보다는 그럴 시간이면 구두샘플 제작에 더 신경을 쓰고 있다는 말이지요. 제 경험상으로도 그래요. 돈이 안 들어오는데도 어디 돈을 받으러 다니는 게 아니라 샘플 제작만 생각하고 있다니까요. 장인이란 만드는 것을 좋아하는 이들이지, 돈을 융통하는 데는 별 재능이 없는 사람들인 것 같습니다."

유럽풍으로 단장한 성수동 구두 거리에 가장 크게 들어선 공동 판매장의 한 달 판매 수입은 현재 1억 몇천만 원 수준이다. 입점한 업체가 많으니 업체 하나당 1,000만 원꼴로 수입이 돌아가는데, 이익금이 아니라 판매 금액이다. 그중에 25퍼센트를 떼어서 운영비로 돌리고 재료비 등 원가를 제하고 공장 운영비로 이리저리 빼면, 남는 게 정말 없다. 공동 판매를 시작한 지는 3년째지만 아직 제자리인 실정이다. 그런데도 양영수 씨는 조금씩이나마 점점 나아지고 있으니 희망이 있는 것 아니냐며 미소를 지었다.

가족 먹여 살리고 싶으면 이 일 배우면 안 돼
—

이번 교육 과정의 응시자는 70여 명. 그중 12명을 선발해 교육하고 있다. 수제화를 처음 배우는 이들이다. 4개월 반 정도 교육을 받으면 기본 실력은 좀 갖추겠지만, 사실 이론적인 수준밖에 안 된다. 현장에서 몇년 더 실기를 익혀야 한다. 물론 몇 년을 더 한다 해도 양영수 씨가 보기에는 여전히 '초짜'다. 배우는 길은 정말 멀고도 먼 길이기 때문이다.

"장인은 그냥 나오는 게 아닙니다. 언제든 배우려는 자세가 있어야 합니다. 다 배웠어도 어떻게 하면 더 나은 게 나올까 고민하고 배워야 합니다. 다 배웠다고 더 이상 안 한다면 무슨 발전이 있습니까? 그런 건 누구나 다 하는 것이지요!"

그럼 선생님이 생각하시는 '구두장이의 자격'은 어떻게 정의할 수 있을까요?

"일단 구두를 좋아해야 하고, 구두 만드는 데 시간을 무한대로 투자할 줄 아는 사람이지요. 단, 명심해야 할 점이랄까, 당부하고 싶은 게 있습

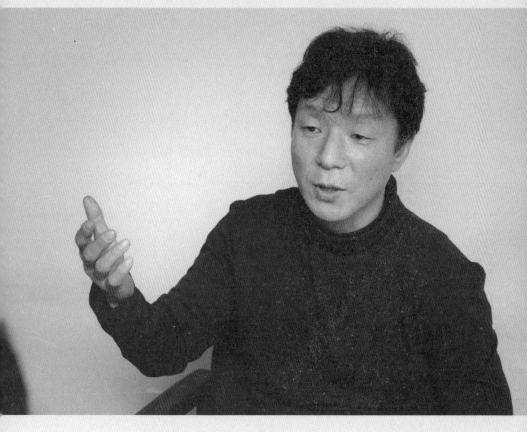

"똑같은 제품을 상표를 다르게 해서 내놓으면
백화점 가격의 반값인데도 잘 안 삽니다.
가격을 두 배 주더라도 브랜드 상표가 붙은 것을 사겠다는
소비자의 마음을…… 이해는 하지만 안타깝지요."

니다. 가족 먹여 살리겠다는 마음이라면 이거 배우면 안 된다고 말하고 싶어요. 지금은 그 정도로 제조업이 열악하다는 말이지요."

바꿔 말하면 예전에는 괜찮았다는 뜻인가요?

"제가 배울 때만 해도 아무나 배울 수 있는 기술이 아니었거든요. 그때는 다 수제화, 살롱화 시절이었지요. 기술 가진 이들을 대우해주던 때였어요. 선금도 받고 돈을 많이 받고 그랬지요. 그만큼 제조업 경기가 좋았다는 뜻입니다. 지금은 제조가 열악하니 기술자가 대우를 못 받는 거고요. 안타깝지요. 진짜 장인은 그만한 대우를 받아야 되거든요. 돈을 바라는 건 아니지만, 기본적으로 먹고사는 데 신경 안 쓸 정도는 돼야지요. 솔직히 지금 좋은 구두를 만들지 못하는 이유는요, 제대로 열심히 만들어봐야 그만큼 못 받기 때문입니다. 그래서 좀 얼렁뚱땅 만들어야 된다는 거예요. 지금은 도급제니까요."

그럼 결국은 만드는 사람도 만족 못 하고, 소비자도 손해를 보는 셈이네요.

"방금 전에 한 말은 좀 심했고……. 왜, 그 진짜 도자기 만드는 사람들은 마음에 안 들면 깨부숴버리잖아요. 그런데 정말 깨야 할지 말아야 할지 그런 애매한 도자기가 있는 것처럼, 구두도 다 만들어놓고 보면 과감하게 잘라버려야 할지 그냥 내보내야 할지, 고민되는 게 보이거든요. 안 되겠다 싶은 구두는 가위로 잘라버려야 해요. 그런데 요즘은 그런 고민을 안 하지요. 새로 만들어야겠다는 마음을 가질 수 없게 만드는 시스템이거든요. 또 그런 구두를 팔아도 고객들은 잘 몰라요. 기술자가 아니면 어디가 문제인지 잘 모르지요. 사실 저도 처음에는 몰랐어요. 한 10년이

지난 뒤에야 겨우 알겠던데요."

구두의 품질만 놓고 보면 오히려 몇십 년 전보다 못하다는 거네요.

"제가 처음 배우기 시작할 무렵의 일인데, 아직도 기억이 생생합니다. 제 스승님이 만들어놓은 구두를 가게 사장님이 잘라버리더군요. 틀어진 구두는 팔 수가 없다면서요. 지금은 그 정도 틀어진 건 틀어진 축에도 못 끼는데 말이지요. 요즘 그렇게 공들여서 만들라고 하면 다들 도망갈걸요. 공임을 더 주면서 잘 만들라고 해야지, 다른 이들과 똑같이 주면서 더 잘 만들라고 하면 누가 그렇게 하겠습니까? 그런 장인들에게는 몇 배 더 대우해주면서 좋은 물건이 나올 때까지 기다려줘야 한다는 말입니다."

나는 지금도 구두 만드는 일이 제일 재미있다

―

양영수 씨는 구두 패턴사로 일하던 육촌 형을 따라서 10대 중반부터 구두 만드는 일을 시작했다. 그는 처음부터 이 일이 무척 마음에 들었다고 한다. 지금까지 단 한 번도 이 일이 싫증나거나 지겨웠던 적이 없었다니, 천생 구두 장인인 셈이다.

"지금도 재밌다니까요. 저는 쉬는 날이 없어요. 다른 사람들은 쉬어도 전 공휴일 없이 나와서 일하는 편이지요. 매장에 나와서 하릴없이 두리

번거리더라도 매일 나옵니다."

한창 배우실 때는 그야말로 푹 빠지셨겠군요.

"구두 배울 때, 참 신났지요. 그때 그 기술은 아무나 배울 수 있는 게 아니었습니다. 배우고 싶어 하는 이들은 많았지만, 능력 안 되고 머리 안 되면 안 가르쳐줬으니까요. 머리 좋고 실력 있고 정성 쏟는 이들만 기술을 배울 수 있었지요."

자격 요건이 웬만한 대기업 못지않게 까다로웠네요.(웃음) 그래도 지금까지 오신 데에는 노력이 제일 중요했겠지요.

"그럼요! 하나라도 더 배우려고 애쓰지 않으면 어떻게 한 걸음 더 나아갈 수 있겠습니까. 저는 남들이 5년 걸려서 배울 일을 그 절반에 다 배웠습니다. 선생님이 지시를 내리기 전에 알아서 미리미리 준비해뒀지요. 선생님이 워낙 엄격하셔서 일정한 수준이 되기 전에는 미싱 근처에도 못 가게 하셨지만, 몰래 미싱 발판을 굴리며 가죽에 바느질을 해보곤 했습니다. 그렇게 열심히 배우고 익힌 끝에 마침내 선생의 자격을 얻게 되던 날, 얼마나 기뻤던지! 물론 월급이 오른 것도 좋았지만, 다들 제 실력을 인정해주는 게 더 감동적이었습니다."

수제화업계에서는 도제 시스템이 엄격하게 적용되었다고 들었습니다.

"그땐 아무리 일을 잘해도 '족보'가 중요했어요. 어느 살롱화 전문점에서 일했는지 따졌지요. 누구네 집에서 몇 년 일했느냐가 그 사람을 고용할지 말지를 결정하는 기준이었습니다. 검증이 다 끝난 것이니까요. 또 아무리 구두를 잘 만들어도 인격적으로 덜 됐다 싶으면 안 써줬습니다.

선생님 바꾸고 배신하고, 그렇게 하면 안 됐지요."

그런 과정을 다 거쳐서 명동의 유명 제화점에 입성하셨지요?

"예. '잉글랜드', '킴스', '드봉'…… 수제화계의 전설 같은 양화점들이었지요. 당시 명동 거리에서 저 멀리 멋쟁이들이 걸어오는 것을 보면, 틀림없이 멋진 구두를 신고 있었습니다. 제가 20여 년 전에 진짜 타조 가죽으로 130만 원짜리 구두를 만들어봤다니까요."

수제화의 가치를 제대로 인정해주던 시절이어서 가능했던 이야기네요. 그때는 정말 일할 맛이 나셨겠습니다.

"그랬지요. 아주 제대로 된 신발을 만들었어요. 좋은 가죽을 만지면 기분도 좋아집니다. 일이 더 재밌게 느껴지지요. 비싼 가죽은 천천히 만들게 됩니다. 풀이 묻으면 지우고, 또 지우고 하면서……. 혹시 흠이라도 나면 아까우니까요."

그런 시절이 그렇게 오래가지는 않았지요?

"1970년대가 전성기였고, 80년대 들어서 서서히 내리막길을 걸었어요. 그래도 1980년대 중반까지는 제조가 괜찮았던 걸로 기억합니다."

선생님은 줄곧 남성화만 다루셨습니까?

"배우기를 남성화 쪽에서 시작했고 7~8년 일하다가 다시 여성화를 배우러 옮겼습니다. 이후 남녀화 둘 다 하다가 지금은 여성화에만 전념하고 있어요. 여성화 중에도 스니커즈 같은 편한 구두를 주로 만듭니다."

시대의 흐름이나 소비자의 요구에 따라 신발도 변하는 것은 당연하지만, 그래도 예전과 비교하면 아쉬움이랄까, 안타까움이 크실 것 같습니다.

10대 중반부터 구두 만드는 일을 시작한
그는 처음부터 이 일이 무척 마음에 들었다고 한다.
지금까지 단 한 번도 싫증나거나 지겨웠던 적이 없었다니,
천생 구두 장인인 셈이다.

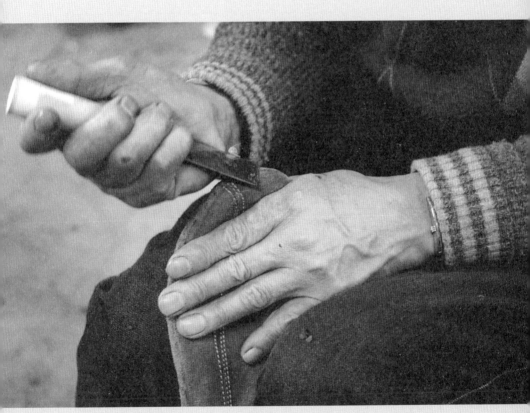

"요즘 신발을 예전의 살롱 수제화랑 비교하면 신발이라고 불러야 할지 망설여져요. 그때 구두를 수제화라고 한다면, 지금은 '기계화'라고 보면 됩니다. 지금은 손으로 만들어도 기계화라고 볼 수밖에 없어요. 만드는 공정이나 기술이 그전과 비교했을 때 엄청 차이가 나니까요."

105번의 공정을 거쳐야
한 켤레의 구두가 탄생한다
——

누구나 자신에게 가장 편하고 어울리는 나만의 구두, 수제화에 대한 로망이 있지 않을까? 가격에 대한 부담만 조금 덜하다면 말이다. 그런데 양영수 씨가 들려주는 이야기는 막연히 생각했던 것과 달랐다. 그는 수제화가 특별히 더 비싸지는 않을 것이라고 한다. 현재 백화점에서 파는 구두 가격 정도면 진짜 수제화를 사 신을 수 있다는 것이다. 물론 소재에 따라 비용이 달라지기는 하겠지만, 일반 가죽이라면 그 정도 수준에서 맞출 수 있다는 말이다. 그는 그 일을 수제화 타운에서 시작할 수 있기를 바란다.

"정말 그럴 수 있으면 좋겠습니다. 공장과 매장이 한자리에 있는 그런 공간이 마을로 형성되면 좋겠지요. 주차 공간도 충분하고 사람들이 부담 없이 구경하러 올 수 있는 거리 말입니다. 굳이 땅값 비싸고 근사한 지역일 필요는 없을 것 같아요. 사람들은 좋은 물건 따라서 모이게 마련이니까요."

수제화가 유명 브랜드 구두보다 경쟁력이 있다면 어떤 점에서 그럴까요?

"우선 브랜드 신발은 몇천 명의 발에 대한 평균치를 내서 만들거든요. 보통 1,500명 정도를 검증해서 한 족을 만드는 데 비해, 수제화는 한 사람의 발에 맞춰 만들잖아요."

수제화산업의 활성화를 위해서는 장인들의 역할이 가장 중요할 것 같습니다.

"장인들은 개성이 강하고 고집이 센 편이라 어떤 조직이나 질서 안으로 들어가기가 힘듭니다. 그 대신 그들에게 일할 수 있는 공간을 마련해주면 정말 좋지요. 장인정신을 이해한다면 가능한 일입니다. 모여서 얘기 나눠보면 '마을을 형성만 해놓으면 실력 있는 사람들이 모여서 진짜 잘 만들 것'이라고들 합니다. 요즘은 배추 생산자도 자기 얼굴을 상표로 붙여서 내놓는 시대인데, 구두는 더하지 않겠습니까?"

현재 조성되고 있는 수제화 타운이 그런 역할을 하고 있는 것 아닌가요?

"저희는 한 반년 정도, 수제화 타운을 알리기 위해서라도 샘플 작품을 진열하는 전시 공간이 있으면 좋지 않을까 생각했습니다. 거기 가보니 새로운 작품이 참 많더라 하는 말을 들을 수 있게 말이지요. 처음 시작하는 단계가 굉장히 중요한데, 지금은 판매 위주가 돼버려서 그런 점이 좀 아쉽습니다."

말하자면 장인들의 '공방'이 필요하다는 말씀이군요.

"그렇지요. 장인들의 도전정신을 끄집어내서 보여줄 수 있는 공간을

한 켤레의 구두가 만들어지기까지 얼마나 손이 많이 가는지,
양영수 씨를 만나기 전에는 짐작조차 하지 못했다.
재료를 구입하기 위해 몇십 군데를 돌아야 하고,
실과 풀 등 각종 부자재만 해도 종류가 96가지나 되며,
전체 공정은 무려 105번에 달한다.

마련해주는 겁니다. 공장과 매장이 한 공간에 있는 공방이라면 신발을 만들면서 고객들과 대화를 나눌 수 있겠지요. 장인들이 신발 만드는 모습을 직접 보여줄 수 있고, 고객들이 원하는 것을 그대로 반영할 수 있으니 모두에게 좋을 것 같습니다."

수제화의 부활을 위해서는 기술이나 디자인 면에서 좀 업그레이드될 필요도 있지 않을까요? 그래야 국내 소비자들에게 브랜드 제품보다 낫다는 인식이 널리 퍼지고, 나아가 해외에도 알려질 수 있을 것 같은데요.

"기술은 우리가 좋다니까요! 이탈리아의 '아테스토니' 같은 신발을 우리라고 왜 못 만들겠습니까? 여건만 갖춰지면 솜씨는 절대 뒤지지 않습니다. 단가를 안 쳐주니까 좋은 재료를 못 쓰는 거지요. 이탈리아 구두가 유명한 이유는 기술이 좋아서라기보다 좋은 재료를 쓰기 때문입니다. 손재주는 우리가 더 좋은데 말이지요."

단가만 제대로 쳐주면 이탈리아 못지않은 명품이 나올 수 있다…….

"또 한 가지 중요한 차이가 있습니다. 바로 시간이지요. 넉넉한 시간이 보장된다면 구두에 들이는 정성이 배가될 수밖에요. 이탈리아 장인들은 짧으면 이틀, 길게는 일주일에 한 족 만드는데 우리는 하루에 한 족을 만듭니다. 하루 만에 디자인, 패턴, 재단, 재봉까지 하는데 제대로 된 작품이 나오겠어요? 그 사람들은 기계도 우리 것과 달라요. 기계로 싸고 광을 내고 하는 것이 신발에 얼마나 큰 영향을 미치는데요. 그런 엄청난 차이들을 무시하고 우리 구두와 이탈리아 구두를 비교하면 안 되지요!"

좋은 재료를 사용할 수 있는 여건, 즉 재료값을 제대로 매겨주는 납품업체들이 있다면,

그리고 사람의 손으로 만드는 가치를 인정해서 공들이고 정성 들인 만큼 가격을 지불하려는 소비자들이 있다면 좋은 구두가 탄생할 수 있다는 말씀이군요.

"그러면 낙엽으로라도 구두를 못 만들겠어요? 사람이 마음에 여유가 있어야 실패하더라도 자꾸 만들 수 있습니다. 이것으로 만들어볼까, 저것으로 만들어볼까 하는 마음이라야 작품이 나오는 것이지요. 남들이 다 만드는 것만 만들면 무슨 차별화가 생기겠습니까? 진짜 기술 있는 분들이 제대로 실력 발휘할 수 있게 해주면 얼마나 좋을까 싶습니다."

기술이 있는데도 여건 때문에 자기 실력을 100퍼센트 발휘하지 못한다는 말씀이 가장 아깝고 안타깝습니다.

"제가 보기에는 자기 역량의 60퍼센트? 그 정도 수준밖에 못 보여주고 있습니다. 다들 먹고살기 바쁘니 기술 개발은 먼 나라 이야기지요. 그렇기 때문에 더더욱 수제화 타운이 새로운 제품을 개발할 수 있는 지원 시스템을 시급히 마련해줘야 합니다."

한 켤레의 구두가 만들어지기까지 얼마나 손이 많이 가는지, 양영수 씨를 만나기 전에는 짐작조차 하지 못했다. 재료를 구입하기 위해 몇십 군데를 돌아야 하고, 실과 풀 등 각종 부자재만 해도 종류가 96가지나 되며, 전체 공정은 무려 105번에 달한다. 그렇게 다리품을 팔고 정성을 들이는데도 가족 먹여 살릴 생각이면 이 일을 배우지 말라고 당부할 정도라니…… 유럽풍으로 단장하고 환하게 불을 밝힌 수제화 타운을 바라보면서도 마음 한구석에서 씁쓸함을 지울 수 없었다.

"실력 있는 장인들이 손으로 꿰맨 구두가 얼마나 멋진데요!
기계로 만든 것과는 느낌 자체가 달라요.
이런 멋진 기술을 부활시켜야 합니다."

인터뷰를 마치고 그와 함께 수제화 타운 공동 판매장을 둘러보았다. 그는 진열대에서 자신의 회사 제품을 번쩍 들어 보이며 자신 있는 표정으로 이렇게 말했다.

"실력 있는 장인들이 손으로 꿰맨 구두가 얼마나 멋진데요! 기계로 만든 것과는 느낌 자체가 달라요. 이런 멋진 기술을 부활시켜야 합니다. 시간이 지나면 배우고 싶어도 가르쳐줄 만한 사람이 없을 겁니다. 거리든 마을이든 제대로 된 공간이 빨리 만들어져서 장인들은 자기 솜씨를 맘껏 펼쳐 보이고, 구두 기술을 배우려는 젊은이들이 줄을 서는 날이 온다면 얼마나 좋을까요."

양영수 씨라면 어떤 재료로든 아름답고 편한 구두를 만들어낼 수 있을 것 같았다. 낙엽으로든, 깃털로든, 혹은 유리로든 간에 말이다. 정말 누가 알겠는가. '세계적으로 유명한 구두회사를 찾아봤더니, 성수동 어느 모퉁이에 자리 잡은 두 평짜리 공방이더라' 하는 말을 우리도 듣게 될지!

손으로 만드는 가치와 정성을 알아준다면
낙엽으로라도 구두 못 만들까

김
상
실
—

전통공예 장인,
경력 25년

기술은 이미 최고, 유통만 지원해주면
액세서리로 먹고사는 나라 된다

—

1960년	전북 고창 출생
1991년	직장을 그만두고 보석업계에 입문하다
1993년	세공공장 운영을 시작하다
1997년	IMF의 칼바람으로 부도, 곧장 남대문에 액세서리 매장을 열다
2002년	패션 액세서리 공예 분야에 본격적으로 뛰어들다
2013년	한국 전통공예 '명인' 칭호를 받고, '한국 보석공예 명인 1호'가 되다
현재	현재 전통공예현대화연구소를 운영하며 작품 활동 및 후진 양성에 힘쏟고 있다

앞서 만나본 이들은 의류, 구두, 가방 등 우리에게 비교적 친숙한, 혹은 우리 제조업의 역사에서 의미 있는 한 시기를 거쳐온 분야의 장인들이다. 그런데 이번에 소개할 액세서리, 그중에서도 전통공예 액세서리는 적잖이 생소한 분야다. 우선 필수품이 아니라는 점에서 그렇고, 제조업이라기보다 문화예술 쪽 이미지가 더 어울릴 듯도 싶어서다. 그런 만큼 '한국 보석공예 명인 1호'로 선정된 김상실 씨를 만나러 가는 길에는 이전과 사뭇 다른 설렘이 있었다.

　'전통공예현대화연구소'는 찾아가기가 아주 쉽다. 서울을 찾는 외국 관광객들이 많이 보이는 충무로. 그 지하철역을 나오면 바로 앞에 보이는 건물 2층이다. 김상실 씨는 이곳에서 한국 전통공예의 깊은 멋을 현대적인 아름다움으로 살려내고 있다. 그가 전통공예 명인 타이틀을 얻은 것은 2013년의 일이지만 보석 분야에 발을 디딘 지는 약 25년, 본격적으로 패션 주얼리 쪽의 공예 분야만 파고든 지는 15년 정도라고 한다.

　기대한 대로 그의 작업 테이블은 반짝이고 예쁜 것들로 가득했다. 진주, 산호, 수정, 옥, 크리스털 등 온갖 원석이 빛을 발하고 있었다. 한쪽에는 나뭇조각, 플라스틱 재료 등 액세서리를 만드는 데 필요한 온갖 부자재들이 조그만 박스에 담겨 있고, 사무실 벽면에는 완성된 공예 작품들이 고운 자태를 드러내고 있었다. 그는 작업실을 방문한 이들에게 먼저 작품을 보여준다. 자신의 세계를 말보다 작품으로 설명하고 싶어 하는 장인의 면모였다.

기대한 대로 그의 작업 테이블은 반짝이고 예쁜 것들로 가득했다.
진주, 산호, 수정, 옥, 크리스털 등 온갖 원석이 빛을 발하고 있었다.

패션 주얼리는 최고의 고부가가치 산업

—

김상실 씨는 매우 화려하고 과감한 디자인의 머리 장식 액세서리를 들어 보였다.

"이렇게 와이어로 감아서 만드는 거지요. 무엇보다 모양을 자유롭게 잡을 수 있습니다."

그가 만드는 작품의 특징은 모든 구슬이나 재료를 와이어에 꿰어서 원하는 모양을 찾아낸다는 것이다. 기존의 액세서리들이 고정된 모양으로 형태를 잡아서 나오는 것과 비교해볼 때 전혀 새로운 개념이라고 할 수 있다.

"제가 창안한 기법인데, 최근 들어 이렇게 하는 사람들이 여기저기 좀 생겼지요. 제가 가르친 이들이 창업도 하고 그러니까요. 장소 가리지 않고 재료만 있으면 원하는 대로 만들 수 있다는 것이 장점이지요. 대부분의 액세서리는 한번 고정시키면 끝인데, 제 것은 그때그때 모양을 달리해서 쓸 수 있다는 것이 가장 좋은 점입니다."

이건 목걸이 겸 브로치군요. 진주가 함초롬히 이슬처럼 달려 있는 것이, 명인의 작품답습니다. 이 분야에서 얼마나 오랫동안 일해야 명인 반열에 오를 수 있는 건가요?

"그저 오래 종사했다고 주는 것은 아니고, 문화체육관광부(이하 문광부)가 주관하는 명인 공모전에 참가해서 심사를 거쳐야 합니다. 그런데 그 과정이 얼마나 길고 어렵던지! 일단 자기만의 특별한 기술을 가지고 있어야 응모 자격이 주어지고요. 심사 기간만 약 5~6개월이 소요되고, 문광부에서 요구하는 자료도 엄청 많습니다. 포트폴리오만 80쪽에 달하더군요. 서류 심사에서 다섯 명의 심사 위원이 인터뷰를 하시더라고요. 참 쉽지 않았어요. 그래선지 실력 있는 분들 중에서도 이런 준비를 하기가 힘들어서 응모 못 하겠다고 하시는 분들도 있습니다."

명인이 되려면 실력도 실력이지만 서류 작업에 질리지 않을 인내심도 필요한 것 같습니다.

"왕십리가 원래 자개 단지잖아요. 그런데 요즘은 그곳에도 자개 쪽에 남아서 일하는 분들이 많지 않습니다. 다 사라지고 없어요. 지금 계시는 분들은 경력으로나 연륜으로나 다 명장들이시지요. 그런 분들께 명장 심사에 응모해보라고 말씀드리면 '이제 와서 내가 어떻게 면접 보고 서류 준비하고 그러겠나' 하십니다."

공예 기술을 보유한 인적 자원을 발굴하고 지원하는 작업이 진작부터 더 적극적으로 이루어졌더라면 하는 아쉬움이 크시겠군요.

"그렇지요. 이제부터라도 액세서리 산업에 대한 인식을 새롭게 할 필요가 있습니다. 지금 패션 주얼리 쪽이 얼마나 고부가가치 산업인지 모릅니다. 현존하는 산업 중에 최고로 고부가가치 산업이지요."

지금 우리나라의 패션 주얼리 수준은 어느 정도인가요?

"세계 5위권에 들지요. 디자인이나 제품을 만들어내는 실력은 이탈리아, 프랑스 못지않습니다. 아주 좋아요! 문제는 유통인데 아주 낙후돼 있습니다. 무엇보다 내놓을 만한 브랜드가 없어요."

그가 만드는 작품의 특징은 모든 구슬이나 재료를
와이어에 꿰어서 원하는 모양을 찾아낸다는 것이다.
기존의 액세서리들이 고정된 모양으로 형태를 잡아서 나오는 것과
비교해볼 때 전혀 새로운 개념이라고 할 수 있다.

그는 우리의 제품력이나 아이디어, 디자인이 얼마나 뛰어난지는 홍대 쪽이나 인사동에 가면 쉽게 확인할 수 있다고 한다. 그리고 특히 '남대문시장'을 액세서리 산업 단지로 꼽는다.

남대문시장에 액세서리 산업의 미래가 있다
—

김상실 씨는 남대문시장이라는 단어를 말하면서 자세를 바로잡는다. 제대로 설명해야겠다는 의지가 엿보인다.

"남대문에 액세서리 도매업, 수출만 하는 점포가 6,000개쯤 됩니다. 전부 대량생산이지요. 남대문은 세계적인 시장입니다. 완제품, 재료가 다 집약돼 있어요. 그러니 주변국 상인들도 남대문으로 재료를 사러 오는 거지요. 부가가치 높은 액세서리 산업을 국가적으로 꼭 키워야 할 산업이라고 말하는 이유 중 하나가 바로 이겁니다."

패션 주얼리 산업을 키우는 가장 빠르고 효율적인 방법은 남대문시장을 키우는 일이라고 할 수도 있겠군요.

"남대문으로 보따리상이 하루에 3,000명 이상 옵니다. 현재 연 6조 5,000억 원 시장이라고 하는데 잠정 통계니까 실제로는 더 될 겁니다. 거대 시장이지요. 국가적인 산업이 될 수 있는 시장입니다. 우리 액세서리 시장이 어마어마한데 사실 내수는 얼마 안 됩니다. 거의 70퍼센트가 수출입니다. 남대문의 6,000개 점포 중에서 1,000~2,000개가 중국, 인도, 베트남 등지에서 수입해다 파는 곳이고, 대부분 국내 제품을 가져다 판매합니다. 그중 40퍼센트가 자체적으로 디자인 개발하고 생산한 것이고요. 매일 2,500개의 디자인이 쏟아져 나온다는 건 정말 어마어마한 일입니다. 솜씨 있는 이들이 계속 디자인을 만들어내고 있는 건데 그 규모가 얼마나 될지 생각해보세요."

액세서리 산업의 특징에 대해 좀 더 자세히 듣고 싶습니다.

"처음부터 자연발생적으로 분업화된 구조입니다. 남대문시장의 점포를 중심으로 해서 컨베이어 벨트 돌아가듯이 생산되는 거지요. 디자이너가 디자인을 만들어내면 거기에 따라 금형 뜨고, 주물 쒀주는 사람 있고, 이어서 연마 작업을 하면 그다음에 도금과 조립으로 넘어갑니다. 스톤 붙이고, 포장하고, 무역하는 이들이 다 나뉘어 있는 거지요. 부자재 개발·생산은 주로 남양주, 인천, 성남, 수원 공장에서 이루어지고, 남대문에서 조립해서 완제품을 상점에 진열해놓으면 되는 것입니다. 우리처럼 핸드메이드 작업하는 입장에서는 부자재를 확실하게 개발해주니 비교적 손쉽게 일할 수 있지요. 그래서 이 분야 경쟁력이 높아지는 거고요. 전 세계적으로 이런 구조가 없습니다."

언제부터 우리나라의 액세서리 산업이 이렇게 자리 잡고 성장했습니까?

"아이로니컬하게도 대한민국 액세서리 산업은 IMF 때 급속도로 발전했습니다. 그전부터 공장마다 직원이래야 고작 3명에서 10명 규모였으니, 경제가 어려워졌다고 해서 새삼 구조조정에 들어갈 필요도 없었지

"이제부터라도 액세서리 산업에 대한 인식을 새롭게 할 필요가 있습니다.
지금 패션 주얼리 쪽이 얼마나 고부가가치 산업인지 모릅니다.
현존하는 산업 중에 최고로 고부가가치 산업이지요."

요. 일찌감치 고통 분담을 전체가 다 나눠서 해버렸으니까요. 거기다가 재료 만드는 사람들이 디자인까지 같이 하게 되면서 가격이 더 낮아지니 판매 조건은 좋아졌고요. 대량 주문이 늘어날 수밖에요. 그래서 확 커버린 것이지요. 다 망하는데 우리는 거꾸로 커버린 셈입니다."

그럼 1970~80년대 상황은 어땠습니까?

"1970년대에 정부가 전북 익산에 보석공장을 세우고 나석(커팅을 한 보석) 가공 산업단지를 들였습니다. 당시에 그 산업으로 1,000만 불 수출을 달성했어요. 처음에는 큐빅 공단이었는데, 한국인들의 작업 수준이 높다 보니 해외에서 다이아몬드 원석 가공 주문을 받을 수 있었습니다. 그러다 정권이 바뀌면서 정부 지원이 없어지고 서서히 내리막길을 걸었지요. 1980년대 초에 솜씨 좋은 기술자들이 일터를 찾아 대거 서울로 올라왔는데, 일부는 종로3가 쪽으로 들어가고 또 일부는 남대문, 회현동 쪽에서 질 높은 액세서리를 만들어내기 시작한 겁니다."

오늘날 남대문시장을 액세서리 산업 단지로 만든 배경이군요.

"남대문시장을 키우면 액세서리 산업은 자동으로 육성됩니다. 남대문시장이 우리 산업의 첫 기지 아닙니까? 엄청난 틀을 가진 곳이지요. 남대문에서 주문하면 한 달 안에 못 구하는 물건이 없다고 할 정도니까요. 전 세계 물건이 다 들어옵니다. 이전까지 남대문은 음성적인 거래가 성하다는 인식이 강했는데, 이제 이 루트를 양성화해야 합니다. 들어오는 길이 있으면 나가는 길도 있을 거란 말이지요. 무엇보다 세계적인 물건이 모여 있으면 세계 각국 사람들이 구경하러 오게 되고, 자연스럽게 세계적인 무역 단지가 될 수 있지요. 남대문은 또 질적인 수준도 높습니다. 중국 이우시장이 규모 면에서는 훨씬 크지만 품질은 우리가 앞서거든요. 이우시장은 원래 면소재지 규모였는데 중국 정부에서 많이 키웠어요. 그 지역 주변 사람들이 모두 그 산업에 투입됐을 정도라고 하는데, 특히 가방과 액세서리 제조에 주력하고 있다고 들었습니다."

사람들의 일상생활 안으로
들어가는 것이 전통공예의 현대화
—

김상실 씨는 여간해서는 톤을 높이는 법 없이 차근차근 설명하면서도 손은 쉬지 않고 액세서리를 만들어가고 있었다. 자잘한 구슬을 와이어에 꿰는 솜씨가 과연 예술의 경지다. 그는 보석 전문가로 이 업계에 발을 들여놓은 후 한때 세공공장을 운영하기도 했다.

처음에 이런 기술을 어디서 배우셨습니까?

"우리나라에는 액세서리를 따로 가르치는 데가 없습니다. 저도 그저 독학으로 배웠다고 할 수 있지요. 세공공장을 할 때 직원들이 일하는 것을 곁눈질로 배운 것도 있고요. 나중에 본격적으로 배우려고 관련 분야의 여러 공장을 다니면서 기법을 연마하기도 했습니다."

원래는 대학에서 기계설비를 전공하고 한국통신공사에서 근무하셨다고 들었습니다.

02 우리가 한마디 해도 되겠습니까?

당시에는 최고로 꼽히던 직장이었는데 과감히 그만두신 데에는 특별한 계기가 있었을 것 같습니다.

"그때를 돌이켜보면, 물론 주변의 권유도 있었지만 사실 제 마음속 깊은 곳에서부터 뭔가를 만들어보고 싶다는 창작 욕구랄까, 아름다운 것에 대한 추구가 자리 잡고 있었던 것 같아요. 어릴 적에 면도칼 하나로 밤나무를 깎아 거북선을 만든 적이 있습니다. 초등학교 숙제였는데 그 작품으로 전북교육감 상을 받았어요. 부모님 모두 손재주가 좋으셨고, 가족과 친지들이 예술 성향이 풍부한 편이었습니다. 그래서 자연스럽게 판소리, 대금, 장고, 서예 같은 것을 늘 가까이하면서 배웠지요."

보석업계에 입문하고 처음에는 어떠셨습니까? 평범한 직장인이 사업에 뛰어들었으니 고생도 좀 하셨을 것 같은데요.

"아뇨, 오히려 초창기에는 순탄했습니다. 공장에서 물건 받아서 금은방에 납품하는 중간 도매업자로 시작했는데, 인천 등 변두리 쪽으로 돌다가 명동, 남대문으로 들어가서 집중 공략했지요. 먼저 제품이 고급이어야 했습니다. 텔레마케팅을 활용해서 보석 선물 이벤트도 하고 스타마케팅 같은 아이디어를 내서 성공했지요. 주문이 쇄도했으니까요."

그러다 IMF 때 결국…….

"예. 직원이 50여 명에 이를 만큼 규모가 커지다 보니 IMF의 거센 칼바람을 못 견디고 결국 부도를 맞고 말았지요. 이후 남대문에 액세서리 매장을 내고 저만의 특별한 제품을 만들어내기 위해 부단히 애썼습니다. 어떻게 하면 더 좋은 제품을 만들 수 있을까 고심을 거듭했지요."

세공공장을 운영하시다가 전통공예에 관심을 갖게 된 계기가 궁금합니다.

"남대문시장 내에 있는 점포 340개를 모아서 공동 브랜드 사업을 할 때였는데, 해외 박람회에 갔었습니다. 나가보니 우리 것이 상품력은 좋은데 대접을 못 받는 거예요. 남대문 디자인이 해외 명품을 카피한 것이었으니까요. 그때 우리만의 독창적인 뭔가를 가진 진정한 우리 브랜드가 있어야 한다는 걸 깨달았지요."

선생님은 공예 작품에 매듭이나 나전칠기 기법을 많이 사용하시지요?

"나전칠기는 세계 최고의 공예 기법 아닙니까? 이 기법을 우리가 흔히 일상에서 사용하는 액세서리에 도입한 것이지요. 전통공예의 현대화는 바로 이런 거라고 생각합니다. 고려청자의 문양과 나전칠기 기법이 좋은데 너무 전통으로만 가면 안 되지요. 그럼 기념품이나 장식용으로 그치기 쉽거든요. 사람들에게서 멀어져요. 일상생활 안에서 사용할 수 있게 실용적인 액세서리로 만들어야 합니다. 가죽에 나전칠기를 입힌 이 머리핀만 보더라도 세계적인 명품으로 손색이 없다고 자부할 수 있습니다. 프랑스의 경우를 보세요. 세계적인 머리핀 브랜드를 개발해서 그 제품을 만드는 지역은 수출 단지가 됐지요. 우리도 못 할 이유가 없어요! 디자인 좋지요, 핸드메이드로 잘 만들지요. 얼마 전에 제 작품을 중국 쪽에 선보였는데 반응이 아주 좋았습니다."

지금도 꾸준히 새로운 시도를 하시는 것 같습니다. 한지에 자개를 입혀놓은 작품도 있네요.

"그건 좀 더 가벼운 브로치를 만들기 위해 고안한 겁니다. 요즘 문광부

"주변의 권유도 있었지만
사실 제 마음속 깊은 곳에서부터 뭔가를 만들어보고 싶다는 창작 욕구랄까.
아름다운 것에 대한 추구가 자리 잡고 있었던 것 같아요."

에서 제공하는 '전통공예의 현대화'라는 교육 프로그램에 참가하고 있는데 아주 큰 도움이 됩니다. 국내외의 뛰어난 디자이너 공예가들이 강의하니 배울 게 많아요. 개인적으로는 주얼리 CAD 패턴도 따로 배우고 있어요. 다른 사람에게 주문하면 제 마음만큼 나오지 않으니까요. 직접 하려면 기술을 배워야지요."

평소에 디자인 구상은 어떻게 하십니까?

"디자인 연구란 내 것을 내가 모방하는 것입니다. 그렇게 점진적으로 해나가는 것이지, 어느 날 갑자기 엄청난 디자인이 나오는 게 아니거든요."

전통공예 기법으로 액세서리를 만드는 사람은 선생님이 유일하다고 알고 있습니다. 독보적인 존재인 만큼 외롭기도 했을 텐데, 명인이 되셨을 때 감회가 어땠습니까?

"나전칠기 쪽 명인은 있었지만 보석공예 분야에서 명인이 나온 것은 제가 처음입니다. 저로 인해서 명인의 범위가 더욱 넓어지는 것 같아 보람이 있더군요. 또 그전에는 제 작품을 다른 것과 비교하면서 뭐가 이리 비싸냐 하더니, 이제는 '역시 명인이 만들어서 다르다'고들 합니다. 그럴 때마다 이 길을 잘 걸어왔다 싶지요."

전통 보석공예 명인 1호가 탄생했으니 언젠가 2호, 3호도 나오지 않겠습니까?

"저도 더 많은 사람들이 이 분야에서 함께 일하게 되기를 바랍니다. 저처럼 나라에서 인정받은 이가 있으니 후배들이 따라오기가 좀 더 쉽겠지요."

기술과 숨씨는 세계 3위,
우리의 미래 산업 될 것
—

    그는 2013년 3월에 '서울패션공예협동조합'을 만들었다. 패션과 한국 전통공예를 접목시키기 위해서다.

"점점 더 우리 문화의 융합이 중요하다는 생각을 하게 됩니다. 그래서 공예를 의류와 접목해보려고 해요. 또 힘을 모아서 한국을 찾는 외국 관광객들에게 우리 전통공예를 소개하고 보여줄 수 있는 공간도 만들고 싶습니다. 메이드인 코리아 프리미엄 상가 같은 데서 우리 것을 팔기도 하고, 재미있는 문화 공연도 같이 보여주고 하면 좋겠지요. 나아가 중국의 하얼빈 같은 도시에 한국 상품 도매센터를 열 수 있다면 우리 물건을 해외에 더 잘 알릴 수 있지 않을까요?"

그 밖에도 앞으로 매진하고 싶은 분야가 있다면 말씀해주시기 바랍니다.

"학원을 설립해서 후진 양성에 힘쓰고 싶습니다. 이전에도 해온 일이긴 하지만 좀 더 체계적으로 해야겠다는 생각이 들어요. 후진들을 잘 가르쳐서 창업하게 도와주고, 또 공예를 여러 가지 프로그램으로 만들어서 실생활에 활용하게 하고 싶습니다. 공예가 치유 효과가 있습니다. 취미용, 교육용으로도 좋고요. 초등학교 교과 과정에 도입하면 참 좋겠지요. 또 병원이나 구청 문화센터 같은 곳에서도 쓰임새가 있을 것 같아요. 인력 인프라 구축도 필요하고, 해야 할 일이 참 많습니다."

말씀을 들어보니 액세서리 분야에 대한 인식이 훨씬 확장될 필요가 있을 것 같습니다.

"보석업종이 처음에는 '고물상 영업법'으로 분류됐다는 거 아십니까? 옛날에는 동네 시계포에서 고장 난 시계 수리를 하면서 진열대에서 금반지를 팔았으니 고물상 영업으로 본 거지요. 그 법은 1990년대 중반에 개정되긴 했지만 액세서리에 대한 인식 수준은 아직 굉장히 낮습니다. 현재 우리나라 대학에 주얼리 학과는 더러 있어도 액세서리 학과는 딱하나밖에 없는 것만 봐도 알 수 있지요."

홍콩은 GNP의 11퍼센트가 보석 유통업에서 나온다더군요. 우리도 주얼리나 액세서리 업종이 더 많은 이윤을 창출할 수 있게 하려면 정책적인 지원이 필요하다고 봅니다만……

"우리도 못 할 이유가 없습니다. 유통을 한시라도 빨리 살려주면 돼요. 그래야 제조도 덩달아 살아나게 되거든요. 또 세계로 팔려나가게 하려면 먼저 우리 제품을 알려야 하는데, 이런 부분이야말로 정부에서 적극 지원해줘야 합니다."

해외 전시를 다니다 보면 우리 사정과 여러 가지로 비교도 되고, 아쉬운 점도 있으시겠지요.

"저는 늘 이런 생각을 합니다. 세계적인 패션쇼에 한국 액세서리 제품을 알리는 부스를 수십 개 만들어서 한국 물건을 알릴 수 있으면 얼마나 좋을까? 우리 제품이 좋으니까 경쟁력은 있지 않은가! 한 3년 정도만 세계를 다니면서 바이어들에게 '메이드 인 코리아, 남대문!'이라고 외칠 수 있으면 얼마나 좋을까……."

해외에서 우리 제품에 대한 평가는 어떤가요?

"최근에 다녀온 이탈리아 전시장에서 우리 공예품을 보고 탄복하던 외국인들의 모습이 잊히질 않습니다. 우리 공예품에 대한 평가가 국내에서는 참 인색하지만 해외에서는 정말 감동하더라고요. 문화의 중심이 공예라는 생각이 들 정도였지요."

원래 우리 민족이 손기술 섬세하기로는 세계에서 으뜸이라고들 하지요.

"우리의 온돌 문화를 보세요. 우리는 단전에 중심을 두고 앉은 자세에서 일을 하는 민족입니다. 손발이 흔들리지 않으니까 섬세할 수밖에요. 따라서 끈기도 있는 것이고요."

국가적인 지원만 뒷받침된다면 액세서리가 우리의 미래 산업이 될 수 있을 거라고 보십니까?

"현재 미국, 독일, 일본 등이 우리보다 앞서 있지만 기술이나 솜씨는 우리가 세계 3위라고 할 수 있습니다. 사실 우리가 유통 쪽만 강해지면 세계 최고라고 못 할 이유가 없어요! 액세서리로 먹고살 수 있는 나라가 된다는 거지요. 굴뚝산업도 아니고 공장도 필요 없는, 전국 어디서나 가능한 산업으로 말입니다. 예컨대 나전칠기 기술 같은 경우, 우리 말고 이 세상 어디에도 따라올 사람이 없어요. 지금 제가 하고 있는 이런 기술도 제가 가장 잘한다고 자부합니다. 이런 것들을 국가에서 조금만 지원해주면 금방 세계 최고가 될 수 있지 않을까요? 저는 이미 준비가 다 돼 있습니다."

"현재 미국, 독일, 일본 등이 우리보다 앞서 있지만 기술이나 솜씨는
우리가 세계 3위라고 할 수 있습니다.
사실 우리가 유통 쪽만 강해지면 세계 최고라고 못 할 이유가 없어요!
액세서리로 먹고살 수 있는 나라가 된다는 거지요."

누가 알아주지 않아도 혼자 걸어온 외길이다. 격려나 칭찬의 말 한마디 없을 때에도 서운한 기색을 내보이지 않았다. 고요한 마음으로 한 알 한 알 꿰매온 반짝이는 구슬, 그 작품을 세상에 드러낼 때 그저 이렇게 말하고 싶을 뿐이다. '이것이 바로 우리 한국인의 작품'이라고.

김상실 씨가 와이어 작업을 마친 브로치 뒤편에 핀을 고정시키기 위해 호흡을 가다듬는다. 한 점의 공예 작품 앞에 최선을 다하는 명인의 모습에서, 우리의 무관심 속에 고군분투하며 성장해온 새로운 산업에 대한 기대와 희망이 겹쳐 보인다.

동대문, 'R&D 클러스터'로
그 심장을 펌프하자

조동성(서울대학교 경영대학 교수)

동대문은 하루 평균 40만 명이 방문해 약 400억 원의 매출을 기록하는 국내 최대 의류시장이다. 그런데 동대문은 현재 세계 패션시장에서 마치 샌드위치 같은 처지다. 동대문의 직접 모델은 이탈리아의 밀라노라고 할 수 있다. 프레타포르테(prêt-à-porter, 오트쿠튀르와 함께 세계 양대 의상 박람회로 파리를 중심으로 뉴욕·밀라노·런던 등에서 열린다)를 통해 새로운 디자인이 나오면 바로 사진을 찍어서 전송하고, 그것을 받아서 72시간 만에 생산·납품하는 시스템이 구축되어 있다. 중국 저장성의 닝보에서 비슷한 작업을 하고 있지만, 아직은 물류 시스템이나 디자인 면에서 우리만큼 철저하지는 않다. 그러나 중국 원가가 우리의 5분의 1밖에 안 되니 따라잡는 것은 시간문제다.

우리는 이탈리아 등 패션 선진국 쪽에서 받아먹기만 하고 있고, 중국은 우리 뒤를 바짝 뒤쫓아 오고 있다. 퇴행해서 중국과 경쟁할 수는 없으니 새로운 아이디어를 가지고 위로 치고 올라가야 하는데, 지금 우리에게는 그럴 힘이 없다. 그 와중에 중국에 추월당하면 동대문이 유령 도시가 되는 것은 시간문제다. 패션·의류 상가로서 동대문이 발전하기 위해서는 하루빨리 방향을 제대로 잡아야 한다.

동대문의 경쟁력 키우려면 창조 인력 양성할 대학 필요

나는 2008년에 연구년을 맞아 미국 하버드대학교에서 세계적인 경영학 석학인 마이클 포터 교수와 함께 한국의 지역 경쟁력에 대한 연구를 진행했다. 나는 '클러스터(cluster, 유사 업종에서 다른 기능을 수행하는 기업·기관이 한곳에 모여 있는 것을 말한다) 이론'으로 동대문을 분석하기로 했다. 연구 주제를 '동대문 의류산업 클러스터'로 잡고, 먼저 뉴욕 패션지구인 '가먼트 디스트릭트(Garment District)'와 비교 연구를 했다.

동대문과 가먼트 지구의 가장 큰 차이는 다양성 유무다. 동대문시장은 의류산업 한 가지에만 특화된 '단일형'인 데 비해, 뉴욕 가먼트 지역은 연구개발(Research and Development, 이하 R&D)에서 유통까지 각 단계마다 여러 산업군이 모여 있는 '멀티형'이다. 의류·건축·예술의 한 부분으로서 패션이 존재하는데, 첼시(Chelsea)와 같이 예술인들이 모여 사는 동네도 있고, 『뉴욕타임스』, 『뉴요커』, 『배너티페어』 등 유수의 신문과 잡지 본사가 있는 저널리즘의 메카이기도 하다.

동대문이 멀티형 클러스터를 형성하고 발전하기 위해서는 패션 분야와 관련된 모든 산업이 모여야 하고, 업스트림(up-stream, 상위 산업)에 R&D가 같이 들어가야 한다. 무엇보다 R&D가 먼저 들어가야 하는데, 그것은 바로 학교다. 현재 동대문이 안고 있는 치명적인 문제점은 두뇌 구조, 즉 학교가 없다는 것이다. 미국의 실리콘밸리가 IT산업에서 경쟁력이 강한 이유는 스탠퍼드대학교가 있기 때문이고, 보스턴을 둘러싼 128번 국도 선상에 자리한 바이오산업이 강한 이유 역시 MIT와 하버드대학교가 있어서다. 중국 베이징에서 IT업계를 대표하는 지역인 중관춘 또한 베이징대학교와 칭화대학교가 이끌고 있다.

대학에서 아이디어가 나오면 산업 발전 쪽으로 흘러가는데, 두뇌가 없으면 흉내밖에 낼 수 없다. 산업 클러스터 경쟁력을 진일보한 단계로 끌어올리는 동력은 산학 연계를 가능케 하는 대학들이다. 마찬가지로 동대문을 세계적으로 경쟁력 있는 의류산업 클러스터로 만들려면 '창조 인력'을 양성할 대학이 필요하다. 패션 인력을 키우는 대학 캠퍼스를 이 지역에 건설할 수 있다면 동대문 일대는 청계천과 을지로, 동대문을 연결하는 세계 최대·최고의 패션·디자인산업 클러스터로 발전할 수 있을 것이다.

패션스쿨이 지역에 끼치는 영향은 세계 3대 패션스쿨로 불리는 학교와 주변을 둘러보면 쉽게 알 수 있다. 런던의 세인트마틴패션스쿨, 뉴욕의 파슨스디자인스쿨, 벨기에의 안트베르펜왕립예술학교. 이들은 현실과 분리된 상아탑이 아니라 지역의 중심축으로서 산업을 이끌어가는 '지적 리더십'을 보여준다. 매년 이 학교 학생들의 졸업 작품으로 꾸며지는 패션쇼는 이를 보기 위해 세계에서 찾아오는 이들로 성황을 이룬다. 또한 이들이 보여주는 패션 작품은 향후 세계 디자인의 흐름을 주도하며 패션·의류산업의 풍향계 역할을 한다고 해도 과언이 아니다. 학교가 산업을 끌어주고, 산업은 졸업생들에게 일자리를 제공한다. 패션스쿨은 단순히 하나의 대학이 아니라 주변 산업에 엄청난 기운을 불어넣어 주는 산업의 발아 역할을 하는 존재들인 것이다.

동대문 지역에 세계적인 패션 전문스쿨이 생겨 날마다 수천 명의 학생이 오고가는 모습을 상상해보라. 마치 허파처럼 숨 쉬는, 생동감 넘치는 공간이 되지 않겠는가? 새로운 아이디어가 끊임없이 솟아날 때 선순환과 발전이 가능하다. 어느 나라든 창조적 아이디어의 본산은 '학교'이며, 그 학교는 현실적인 대학이어야 한다. 하버드나 예일 같은 대학이 아니라 패션의 경우라면 파슨스나 FIT 같은 전문 직업스쿨이 좋은 예가 될 것이다. 그런 대학이 서너 개만 있다면 동대문은 그냥 시장이 아니라 고품격 패션의 중심으로 발돋움할 수 있을 것이다.

의류산업의 거대한 생태계, 동대문의 힘에 주목해야

이제는 동대문역사문화공원과 동대문디자인플라자(이하 DDP)가 그 자리를 대신해서 들어섰지만, 동대문운동장 터를 대학 캠퍼스로 활용했다면 어땠을까 하는 아쉬움이 두고두고 남는다. 나는 그럴 경우 얼마나 엄청난 가치를 창출하게 될지 상세하게 계산한 바 있다. 이 터에 용적률 350퍼센트로 쾌적한 창조 캠퍼스를 조성하면 연구원 500명이 활동할 수 있는 연구 공간과 학생 1,000명을 위한 교육 공간이 마련된다. 또한 이 지역 전문가 25만 명은 여기서 계속 교육할 수 있는 기회를 갖게 된다. 연구원 한 명당 가치를 1억 5,000만 원, 학생 한 명당 가치를 1억 원, 계속 교육 수강자 한 명당 가치를 50만 원으로 보면, 연간 3,000억 원대의 가치가 발생하고 이들의 30년간 가치 총액은 9조 원에 이른다.

이러한 직접 효과 외에 창조 캠퍼스가 동대문 의류상가의 연간 매출액 14조 6,000억 원에 20퍼센트의 부가가치를 올린다고 가정할 때, 향후 30년간 87조 원의 간접 효과가 발생할 것으로 추정했다. 이 터를 부동산 업자에게 매각하는 것보다 직접 효과 11배, 간접 효과 23배의 가치가 국민경제에 직접 유입될 수 있다고 본 것이다. 어떻게 하는 것이 도시와 지역 경쟁력을 높여 국가 경쟁력을 끌어올릴 수 있는 방법인지 깊이 고민해야 할 때다.

또 어떤 점에서는 동대문운동장을 없애지 않고 그대로 두는 것이 동대문의 장점이 될 수도 있지 않았을까 생각해보기도 한다. 중요한 경기가 열릴 때면 동대문에 한꺼번에 몇만 명이 모였는데, 이것이 굉장히 큰 기능을 했던 것은 사실이다. 그런데 이제 그 힘이 죽어버렸다.

최근에는 DDP에 패션디자인이 아니라 '인더스트리(industry)', 즉 산업디자인 업종을 집어넣자는 아이디어가 지배적인데, 패션 지구인 동대문에 성격이 다른 산업디자인이 포함되는 것은 장기적인 안목으로 볼 때 당연한 선택이며, 결국 굉장히 큰 효과를 볼 수 있을 것으로 예상된다. 하지만 동대문 패션지구가 패션과 다른 산업디자인의 '이종 결합'으로 마침내 성공할 '그 시간'까지 과연 버틸 수 있을지는 의문이다. 결국 단기적으로 볼 때에는 '동대문 지구가 패션의 전당이 되어야 한다'는 쪽으로 기울고 있다.

나는 향후 동대문에 R&D 시스템이 구축되기를 간절히 바라지만, 그보다 먼저 동대문 의류산업 클러스터의 강한 경쟁력에 주목할 필요가 있다. 창업 경영자, 디자이너, 재봉사 25만 명이 전문가 단지를 형성하고 있고, 8만 개가 넘는 관련 업체들이 원·부자재 생산에서 판매와 유통에 이르기까지 수직적으로 연계되어 있으며, 높은 패션 감각을 가진 서울 시민과 중국·러시아 등지에서 온 까다로운 소매상들이 거대한 시장을 형성하면서 지속적으로 품질 수준을 높이고 또 그럴 것을 요구하는, 하나의 큰 산호초 같은 동대문이 가진 힘에 주목하자는 말이다.

동대문은 클러스터 중심 경제에 중요한 본보기가 될 것

나는 동대문 클러스터가 한국 경제가 클러스터 중심으로 나아가는 데 중요한 지표가 될 것으로 기대하고 있다. 동대문 의류상가가 경쟁력 있는 발전을 하기 위해서는 정부와 기업이 동시에 호흡해야 한다. 즉 정부는 R&D, 산업, 세제, 환경, 노동 등에 관한 정책을 세우고, 기업은 M&A, 차별화, 제품, 시장에 관한 전략들을 내놓으며 함께 만들어나가야 하는 것이다. 현재 전국 240개 지방자치단체에서 각자 지역에 맞는 산업을 선택, 클러스터를 조성하고 이를 통해서 지역 경쟁력을 강화하려는 산업 정책을 시행하고 있다. 그렇게 볼 때 동대문 지역은 전국의 클러스터 발전에 중요한 본보기가 될 것이다.

내가 말하고자 하는 핵심이 바로 이것이다. 클러스터를 만들 때에는 정부 정책과 기업의 전략이 함께 가야 한다는 것 말이다. 지금까지는 정부 정책에 따라 기업이 전략을 만들어 좇아갔다면, 이제는 정부와 기업이 공동으로, 함께, 동시에, 정책과 전략을 개발해야 한다. 각자 별개로 움직이면 시간은 한없이 흘러가고 성과도 반감될 수밖에 없다.

'기업 중심의 자본주의 3.0' 시대와 '사회 중심의 자본주의 4.0' 시대에 이어, 이제 '클러스터 중심의 자본주의 5.0' 시대가 도래할 것이다. 경제주체의 본보기, 시장을 구성하는 단위가 기업이 아니라 클러스트가 되는 것이다. 따라서 대한민국도 몇 개의 재벌기업 중심이 아니라 크고 작은 기업들로 형성된 수십만 개의 클러스터가 모여 있는 나라가 되어야 한다.

대한민국은 해외에서 보면 엄청나게 무서운 나라다. 나는 2013년 7월에 유럽의 회의 초청을 받아 '유럽의 재산업화'를 주제로 기조 강연을 한 일이 있다. 우리의 경쟁자로부터 배우자는 주제였는데 오히려 그들이 우리에게 뜨거운 관심을 보였다. 왜 그럴까? 유럽을 무너뜨린 게 한국이라고 보기 때문이다. 유럽의 제일 큰 산업이 전자·자동차·조선이었는데 이 셋을 한국이 다 가져가지 않았는가.

더욱이 우리나라가 R&D 투자 면에서 GDP 대비 4퍼센트로 전 세계에서 두 번째다. 원래 R&D 투자 비중이 제일 큰 나라는 스웨덴, 그다음으로 이스라엘과 한국 순이었는데, 한국이 이스라엘을 따라잡았다. R&D 최강국인 한국은 이제 특허출원 숫자 면에서도 미국-일본-독일-한국의 순서를 미국-중국-일본-한국으로 바꿔놓았다. 독일을 앞지른 셈이다.

동대문의 존재도 마찬가지다. 사실 밀라노와 파리는 동대문을 두려운 눈으로 지켜보고 있을 것이다. 그들은 이미 패션산업의 상당한 지분을 뉴욕에 빼앗겼다고 할 수 있는데, 이제 한국에 빼앗길지도 모른다고 생각할 것이다. '강남스타일'의 나라, R&D 투자가 엄청난 나라, 문화예술의 새로운 강자, 한국이 곧 그들의 오랜 아성에 균열을 낼 수도 있다고 걱정하는 것이다.

그들이 우리를 두려워한다는 것은 그만큼 우리에게 잠재된 가능성이 크다는 뜻이다. 나는 종종 밤에 동대문 패션타운을 보러 나선다. 대낮보다 더 밝은 불빛과 사람들로 넘실대는 동대문 의류상가. 그곳에 젊은 '창조 인력'들이 모여들고, 유기적으로 결합된 의류산업 클러스터가 세계로 뻗어나가며 동대문의 심장을 고동치게 할 그날을 즐겁게 상상하면서 말이다.

조동성 교수는……
1971년에 서울대학교 경영학과를 졸업하고 하버드 경영대학원에서 1977년에 박사학위를 취득했다. 1976년부터 미국 보스턴컨설팅그룹과 걸프오일회사에서 근무한 후, 1978년 서울대학교에 부임한 이래 현재까지 교수로 봉직하면서 경영전략, 국제경영, 경영혁신, 디자인경영 분야에서 연구와 교육을 하고 있다. 2009년 한국에서 가장 큰 영향력을 행사하는 '경영 대가(guru)' 30인 중 학자로는 가장 높은 3위에 선정되었다(『매경이코노미』 창간 30주년 기념 조사). 오래가는 기업은 그 기업만의 고유한 메커니즘이 있다는 'M(메커니즘)' 경영론의 대가로, 많은 CEO들이 불황기에 조언을 듣고 싶은 교수로 그를 꼽았다. 국제 경영학계에서도 신뢰가 높아 다보스경제포럼에서 한국인으로서는 최초로 세션 사회를 맡기도 했다.

소공인의 내일을 위한 제언2

동대문을 아시아 패션산업의
허브로 키우는 세 가지 해법

박훈(산업연구원 박사)

국내 패션·의류시장의 규모는 약 40조 원에 달하고 내수시장의 13.5퍼센트를 차지해 자동차나 전자제품보다 규모가 크다. 그중에서도 동대문을 찾는 외국인은 도·소매상인과 관광객들을 포함해 연 250만 명, 의류 구매액은 연 13조 원에 달하며 매년 증가 추세다(이상의 통계는 모두 2011년 기준). 동대문은 여전히 외국 관광객들의 필수 관광코스다. 그러나 중국 도·소매상인들은 동대문을 떠나고 있다. 왜일까?

중국 닝보에서 더 위쪽으로 소상공인이 많은 이우시장이라는 곳이 있다. 동대문시장의 약 10배 정도 된다. 완구, 액세서리, 경공업 제품은 다 그곳에서 가지고 온다. 의류시장도 별도로 아주 크게 있는데, 물건이 썩 좋지는 않지만 가격대가 굉장히 싸다. 문제는 우리나라 물건이 이우시장 물건보다 그리 뛰어나게 좋다고 할 수도 없으며, 더욱이 '메이드인 코리아' 상표도 안 붙어 있으니 한국산이라고 입증할 수도 없다는 데 있다. 그래서 중국의 도·소매상인들이 동대문에서 물건을 잘 사가지 않는 것이다. 그들이 사도록 만들 수 있는 매력이 뭐가 있는가? 이제 그 물음에 답을 해야 할 때다.

해법 1. 동대문에 디자이너를 허하라!

흔히 동대문에는 없는 게 없다고들 한다. 그러나 정작 중요한 것 두 가지가 없다. 브랜드와 디자인이 그것이다. 디자이너가 없다는 말은 디자이너가 중심이 되어서 할 수 있는 게 아무것도 없다는 뜻이다. 사업의 중심이 디자인이 아닌 도매상과 소매상이기 때문이다.

동대문은 철저하게 도매상의 오더에 의해 돌아가는 하청시장이다. 다시 말해 저가시장인 것이다. 도매상은 절대로 고급품을 만들지 않는다. 가격 경쟁력 때문인데, 이 시스템이 가장 수준 낮은 시스템이다. 이 과정에 디자인은 끼어들 틈이 없다. 디자인은 이 바닥에서 사치에 가깝다. 본인 능력이 문제가 아니고 시스템이 그렇다. 디자인은 항상 도매상의 하청 사슬 아래에 위치하고 있다는 말이다. 이 상태로 머물러 있어서는 결코 안 된다.

동대문 디자인의 현실은 사실 어제오늘의 일이 아니다. 이 고착된 현실을 변화시키려면 일방적으로 한쪽을 바꾸는 것이 아니라 함께 가야 한다. 디자인과 도매상이 함께 가야 한다는 말이다. 뉴욕의 장점은 디자이너가 아주 많다는 것이다. 그쪽은 디자이너 중심으로 업계가 굴러간다. 그래서 규모가 줄어들고는 있지만 여전히 강하다. 세계 어느 곳이나 디자이너 중심으로 간다면 그 시장은 강한 시장이다. 그런데 우리나라는 디자인이 밑바닥에서 벗어나지 못한다. 그러면 만년 싸구려 시장이 되는 것이다. 실제로 기획력이 있는 사람은 동대문에 들어오지 않는다. 본인이 기획력 있어봤자 도매상들이 안 써주기 때문이다.

이 대목에서 정부의 역할이 필요하다. 사각지대에 놓인 인디 브랜드들을 키울 수 있는 정책을 펼쳐야 한다. 동대문시장이 발전하려면 디자이너들을 육성해야 한다. 디자이너들이 마음껏 뛰어놀 수 있는 장을 만들어줌으로써 신진 디자이너들이 옷을 만들 수 있도록 해주어야 하는 것이다. 시제품 제작센터 등의 방식으로 자유롭게 계속 옷을 만들 수 있도록 지원해주는 것이 바로 공공 부문이 해주어야 하는 일이다.

샘플로 옷을 하나 만든다고 생각해보자. 옷 한 벌이 만들어지기 위해서는 수많은 패턴 샘플의 공정을 거쳐야 한다. 그런데 패턴 샘플 한 번 하는데 돈이 30만 원 이상 든다. 돈이 있어야 히트 상품을 만든다. 인디 디자이너들한테는 패턴 샘플을 마음껏 만들어볼 수 있는 경제적인 뒷받침이 있을 리 없다. 바로 이 단계에서 공공 부문이 지원해준다면 변화가 가능하다.

해법 2. 무상교육 기관을 통해 고급 봉제인력을 양성하라!

한국인의 손기술은 세계적으로 자랑거리다. 그래서 우리나라 봉제 기술에 대한 인식도 높은 편이다. 그러나 오랫동안 그 기술은 낮은 수준에 머물러온 것이 사실이다. 지금 동대문 주변에서 봉제일 하는 분들의 실력이 원래는 아주 좋았다. 수준이 처음부터 낮았던 것이 아니라 만날 저급 봉제만 하다 보니 상대적으로 낮아졌을 뿐이다. 지금 봉제 기술자들한테 좋은 원단을 주면서 만들어달라고 하면 아마 겁을 낼 것이다. 한 가지 예를 들어보자. 옷에 따라 쓰는 바늘도 다르다. 어떤 원단에는 어떤 바늘을 써야 하는지 알아야 하는데 그것을 모르면 만들기 어렵다. 뭔가 새로운 것이 왔을 때 받아들여서 할 수가 없다. 그래서 재교육이 필요하다. 일반 회사에서 직원 연수하듯이 봉제업계도 마찬가지다.

그런데 자기 돈을 들여서 배우라고 하면 안 된다. 무상으로 해주어야 한다. 사실은 무상으로 교육해준다고 해도 사정사정해야 올 판이다. 교육받느라 시간을 써버리면 밥값을 못 벌게 되기 때문이다. 그럴 시간 있으면 한 푼이라도 더 벌어야겠다는 이들한테 교육이 어려워지는 것이다. 따라서 무상교육에 교육 참여 장려금까지 지급해야 한다.

봉제인들에게 장기적으로 안정적으로 교육을 시킬 수 있는 기관, 이를테면 '봉제 기술재단'을 만들어야 한다. 그러면 무상으로 교육이 가능해진다. 경제적으로 안정이 되어야 모든 것이 이루어지는 법이니까. 안정적인 봉제 기술, 그리고 전체적인 수준이 일정하게 발전해야 패션시장이 제대로 굴러갈 수 있다. 아무리 디자인이 좋아도 패턴사가 그것을 소화하지 못한다면, 또 패턴사가 잘 만들었어도 샘플사가 일을 못해서 원하는 기능을 못 살리고, 그다음 단계로 봉제 기술자가 그 기술을 이해하지 못하면 결국 소용이 없다. 디자인부터 봉제까지 수준이 균일하게 발전해야만 옷이 제대로 나오는 것이다.

봉제 기술자들을 키워놓으면 일거리를 받는 것은 전혀 어려운 문제가 아니다. 외국으로 아웃소싱 된 일감들이 전부 국내로 되돌아올 수 있다. 봉제하는 사람도 안정적인 일거리를 받고 싶어 하듯이 의류회사도 마찬가지다. 그들도 믿고 맡길 수 있는 안정적인 봉제공장을 찾는 것이다. 그런데 문제는 지금 우리나라에는 대량생산을 위한 주문을 안정적으로 받아서 만들어줄 공장이 없다는 것이다. 그래서 어쩔 수 없이 중국, 베트남으로 가게 된다고 하는데 실제로 틀린 말이 아니다. 우리나라 봉제 인건비가 다른 나라에 비해 높다고들 하지만 현실은 그렇지 않다. 제조업 평균 인건비가 월 300만 원인 데 비해 국내 봉제인들의 인건비는 월 150만 원도 못 된다. 낮아도 너무 낮다. 그런데도 높다고 말하는 이유는 생산성 대비로 말하기 때문이다. 싸구려 옷을 만들기 때문에, 싸구려 봉제 기술자니까 저임금밖에 못 주겠다는 것이다. 만약 이들이 고급 봉제를 한다면 임금을 높일 수 있다. 그런데 우리는 아직까지 봉제 기술자 하면 다 저급 봉제만 한다고 생각하니까 그런 인식 자체가 문제라는 것이다. 봉제 기술자들 스스로 자기 기술에 대한 자부심이 있다 해도 그게 받아들여질 상황이 아닌 것이다.

해법 3. 동대문에 문화가 흐르게 하라!

동대문에는 문화가 없다. 시장과 상가만 있지, 패션 축제가 없다. 동대문에 가면 옷만 있는 것이 아니라 재미도 있다는 생각으로 와서 물건도 살 수 있게 해야 한다. 예컨대 디자이너들이 만든 옷을 전시해놓을 수 있는 숍이 있다면 바이어들을 불러들이게 된다. 이 옷을 도매상인, 소매상인이 보고 사서 판매하고, 그래서 디자이너들은 업그레이드되고……. 이렇게 문화와 디자이너의 활동 영역을 동시에 연결시켜주어야 한다.

'동대문 문화'는 동대문의 패션 수준을 끌어올리는 원동력이 될 수 있다. 디자이너들이 만든 수준급의 옷들을 도매상들이 사서 팔고, 그러면 소비자들도 반응이 올 것이고, 도매상들도 그것을 느끼고, 그러면 또 만들어 팔게 된다. 디자이너 좋고, 도매상 좋고, 봉제공장 좋고, 소비자도 좋은 이런 시스템으로 동대문이 변할 수 있도록 하자는 말이다. 결국 동대문은 도매시장이다. 현재 소매시장이 확장해나가고는 있지만 그래도 동대문은 도매시장이어야 한다. 전국의 옷이 여기서부터 뿌려져야 한다. 도매상과 디자인이 협업을 할 수 있도록, 디자인의 수준을 높여주어야 활성화가 된다. 이것이 정부의 몫이다.

품질도 좀 더 균일해질 필요가 있다. '한국에서 옷 사면 그래도 기본은 되더라'는 말을 들을 수 있게끔. 그러기 위해서는 동대문의 수준이 올라가야 한다. 우선 동대문만 올라가면 되므로 정책의 포인트를 동대문에 두어야 한다. 동대문의 수준을 높여서 아시아의 허브로 만들자는 것이다. 거듭 강조하건대 동대문을 지금 상태로 방치하는 한 우리의 패션산업은 미래가 없다. 지금 우리 패션시장은 글로벌 SPA 브랜드의 국내시장 진출로 위축되어 있다. 생산액의 85퍼센트를 국내에 공급하는 내수산업인 패션·의류시장이 글로벌 브랜드에 속수무책으로 밀려 나간다면, 그것을 보고 있을 수만은 없는 노릇 아닌가.

우리 패션시장의 엄청난 잠재력을 과소평가 말라

우리 패션시장의 잠재력은 충분하다. 아시아 사람들은 한국 패션, 동대문시장 하면 알아준다. 아직은 동대문시장을 아주 높게 평가하고 있는 것이다. 한국 사람들은 동대문을 싼 물건을 파는 시장이라고 치부하는 편인데, 사실 내부와 외부의 평가 갭이 무척 크다. 사람의 마음이라는 게 한번 식으면 정이 안 가게 마련이다. 지금 동대문을 업그레이드시키지 않으면 앞으로도 발전 가능성이 희미해진다. 그리고 가격은 반드시 정찰제로 가야 한다. 우리가 중국에서 옷 사기를 주저하는 것은 품질이 안 좋아서라기보다 얼마나 깎아야 하는지 모르기 때문이다. 이렇듯 소비자에게 믿음을 주기 위해서는 제도적·인프라적인 측면에서 갖춰야 할 것이 많다.

'메이드인 코리아'로 가는 길이 멀게만 느껴지는가? 그러나 우리가 분명히 가고자 마음먹는다면 못 갈 길은 결코 아니다. 우리의 손 안에 아직 자고 있는 그 잠재력을 깨워서 세계를 놀라게 할 좋은 솜씨가 나오게 해야 한다. 창조적으로 경제를 일구는 방법이란 실은 이런 것이 아니겠는가!

박훈 박사는......

'패션 · 의류산업을 학문적으로 연구하면서 대한민국의 산업 카테고리 안에서 봉제산업의 포지션을 가장 정확하게 보고 있는 사람.' 산업연구원(KIET)의 소재 · 생활친화산업연구팀을 이끌고 있는 박훈 박사에 대한 주변의 평가다. 박훈 박사는 산업통상자원부 소속으로 미시 정책을 연구하는 전문 기관인 산업연구원에서 1991년부터 일하기 시작했고, 산업연구센터에서 소재 · 생활친화산업연구팀의 팀장으로서 패션산업을 담당한 지는 10년이 넘는다. 소재, 옷이 만들어지는 전 과정과 패션의 유통, 그리고 소비자가 옷을 사 입는 유행의 움직임까지 전부 그의 연구 분야다.

가르치면서 깨달았다. 내 기술의 가치를 나만 인정하지 않고 있었다는 걸

한상만(토털 의류기술자, 경력 38년)

백발의 테일러, '좋은 양복 한 벌'의 가치를 전수하다

김의곤(양복 장인, 경력 57년)

홍콩, 태국에 빼앗긴 귀금속산업, 전문인력 양성으로 되찾을 터

김종복(귀금속 장인, 경력 43년)

03
—

만든 이의 숨결이
배어 있는 기술은
100년을 간다

한
상
민
—

토털 의류기술자,
경력 38년

가르치면서 깨달았다, 내 기술의 가치를
나만 인정하지 않고 있었다는 걸

—

1962년	전남 영광 출생
1978년	17세에 광주 충장로 맞춤가게의 막내로 의류봉제업에 입문하다
1983년	22세에 미싱사가 되어 장인의 길을 걷기 시작하다
2006년	한국패션봉제아카데미의 선생님이 되다
2009년	'한 어패럴'을 창립하다
2013년	검정고시 통과 후 한국방송통신대학교 가정학과 신입생이 되다
현재	한 어패럴의 대표이자 봉제교육원 원장, 한국패션봉제아카데미 강사회 회장, 봉제전문가 자격시험 운영위원으로 활동하며 대학 생활을 해나가는 중이다.

'토털 기술자'라는 말을 들어보았는가? 분명 우리 귀나 입에 익은 단어는 아니다. 그런데 특히 의류봉제업에서 기술자들은 단품 기술자, 부분 기술자, 토털 기술자로 나뉜다고 한다. 단품 기술자는 전체 옷 중에서 한 부분, 즉 셔츠로 치자면 소매 커프스만 만드는 사람이고, 토털 기술자란 옷 한 벌을 처음부터 끝까지 정식으로 만들 줄 아는 사람을 말한다.

단품과 토털은 차이가 크다. 같은 기술자라고 해도 처음부터 어느 쪽에서 기술을 배우고 숙련이 되었는지가 중요하다. 아무리 오랫동안 일을 했어도 소매 커프스만 만들던 사람이 옷 한 벌을 완성해내기란 어려운 일이다. 따라서 경력을 쌓고 나이가 들어도 단품은 자립이 어렵지만, 토털 기술자는 혼자서 옷 전체를 만들 수 있기 때문에 선택의 폭이 넓은 편이다.

청계천변의 어느 아담한 건물 작업실에서 자신이 '토털 기술자'라는 사실을 아주 분명히 밝히는 이를 만났다. 38년 경력의 장인, 한상민 씨가 그 주인공이다. 그는 재단 중이던 작업대에서 돌아서며 인사를 건넸다. 그의 등 뒤로 여러 장 겹쳐진 옷본들이 천장 높이 걸려 있었고, 널따란 작업대 위에는 색색의 천이 놓여 있었다. 패션쇼에 올릴 샘플 옷을 만드는 중이라고 했다.

내 손끝에 있는 느낌을 다 가져가라

—

패션업계에 종사하는 사람답게 그의 머리나 옷은 세련된 스타일이다. 상당히 젊어 보이는 외모 때문에 처음 보는 사람들은 그가 정말 이 분야 경력만 수십 년 이상인 게 맞는지 의구심을 내비치기도 한다.

"아직은 오래된 경력자들 중에서도 막둥이에 속하지요. 이쪽은 입문하는 시기가 다들 이른 편이니까요. 저도 10대부터 일했습니다. 제 나이 또래로 볼 때 패션계 유입이 제일 많은 시기였지요."

토털 기술자라면 정말 모든 옷을 다 만드십니까?

"만들 줄은 알지만 지금은 여성복 전문입니다. 재킷, 스커트, 바지, 블라우스 등 티셔츠만 빼고는 전부 다 만들고 있지요."

자체 제작을 하시는 건가요?

"2009년에 의류 임가공 제조업체 '한 어패럴'을 만들었습니다. 자체 제작도 하지만 주로 주문을 받아 생산하는 시스템을 관리·운영하고 있어요. 그전에는 의류업체의 샘플실과 개발실에서 일하면서 크레송, 타임, 미샤, 오브제, 반도패션 등 이름난 브랜드 옷을 다 만들어봤습니다. 샘플을 다양하게 만들어본 경험은 이 업계에서는 굉장한 장점이지요. 그래서 기술 응용 면에서 남에게 뒤떨어진다는 생각은 안 합니다."

선생님이 만든 옷에 대한 사람들의 평가는 어떻습니까?

"평가가 나쁘지 않지요. 주문자의 설명을 충분히 잘 듣고 생산해주기

03 만든 이의 숨결이 배어 있는 기술은 100년을 간다

청계천변의 어느 아담한 건물 작업실에서
자신이 '토털 기술자'라는 사실을 아주 분명히 밝히는 이를 만났다.
38년 경력의 장인, 한상민 씨가 그 주인공이다.
그의 등 뒤로 여러 장 겹쳐진 옷본들이 천장 높이 걸려 있었고,
널따란 작업대 위에는 색색의 천이 놓여 있었다.

때문에 그런 것 같습니다. 그리고 다른 생산자들에게 샘플을 정확히 만들어서 보여주고, 작업 지시 내리고, 관리 들어가니까요. 특히 옷에 대한 설명을 정확히 하지요. 이 박음질은 이런 느낌으로 해달라, 완성선은 이렇게 꼭 지켜달라…… 샘플을 보면 제가 살려달라는 느낌이 어떤 건지 숙련자들은 잘 알아요. 그런 게 서로의 스펙과 신뢰를 보여주는 것이기도 하고요."

선생님이 보기에 그런 공정을 거쳐서 만들어진 옷들이 어느 정도 수준인지 궁금합니다. 작업 지침이나 설명에 따라 만족할 만큼, 제대로 만들어져 나오는가 하는 것이지요.

"옷이란 금형이나 첨단 제품과 달라서 그렇지 못해요. 원단 소재란 게 열을 가하면 늘어나기도 하고 줄어들기도 하거든요. 완벽은 없습니다. 완벽에 가까워지기 위해 노력할 뿐이지요. 그래서 어려운 것입니다. 수치대로 나오는 게 아니니까요. 심을 붙이고 하는데, 그 과정에서 테이프를 치면 줄어들고 그렇지요. 옷을 고급스럽게 만들려면 시간이 많이 걸립니다. 요즘은 일주일 만에 여러 아이템이 개발·생산됩니다. 개발-생산-납품까지 아주 스피디하게 진행되다 보니 차분하게 옷을 만들 시간이 없습니다. 스피드도 경쟁, 가격도 경쟁…… 그 와중에 곤죽이 되는 건 생산 현장의 사람들이지요."

한 가지 특이한 원칙이 있다고 들었습니다. 저녁 8시 이후에는 일을 하지 않으신다고요? 창신동 일대를 비롯해서 봉제공장은 대부분 밤 9시, 10시, 바쁠 땐 새벽까지 미싱을 돌리는 일도 흔하던데요.

"제 몸이 지치면 옷 공정 시스템을 잘 관리할 수가 없으니까요. 제가 좀 특이하지요? 원래는 주 5일 근무하려고도 해봤는데, 그렇게는 공장이 유지가 안 되더라고요."

선생님 모습을 보면 처음부터 패션 쪽에 관심이 있었던 분 같습니다. 이 일은 어떻게 시작하시게 됐나요? 손재주가 있었다든지, 어떤 목표가 있었든지…….

"제가 열일곱 살부터 이 일을 했는데, 그때는 적성에 맞고 안 맞고 그런 건 따질 수가 없었습니다. 동기는 딱 하나, 돈을 벌기 위해서였지요. 이미 그전에도 안 해본 일이 없을 정도였거든요. 제가 아주 어릴 때 아버지가 갑자기 돌아가셔서 집안이 무척 어려웠어요. 이 직업이 돈도 많이 벌고 먹고사는 데 지장 없다고 해서 그냥 배운 거지요."

처음 배울 때에는 힘들기만 하고 벌이도 신통치 않았을 텐데요.

"당연하지요. 맞춤가게 막내 노릇으로 시작했는데, 단추며 안감이며 갖가지 부자재 사 오는 심부름을 도맡았습니다. 지금은 대학 나온 초급 디자이너들이 하는 일이지만……. 아무튼 어떤 부자재가 들어가는지 알아야 옷을 만들 줄 알게 됩니다. 심부름을 반년쯤 하다 보면 손바느질을 하게 해줘요. 옷의 밑단을 손으로 꿰매고, 단추를 달고, 단춧구멍 만드는 소위 '마도메' 일을 하고 나면 그제야 시다로 넘어갈 수 있습니다. 박음질 보조는 다리미로 옷 부속을 꺾어서 다려주고 가름솔을 잡아서 미싱일이 제대로 되게 하지요. 그런 과정을 온전히 다 거치면 드디어 '대망'의 미싱에 앉을 수 있고, 미싱사는 '선생님' 소리도 들을 수 있습니다. 더 나아가서 패턴 뜨고 재단을 할 수 있게 되면 마침내 자신의 가게를 오픈할 수도 있게 되지요."

"특히 옷에 대한 설명을 정확히 하지요.
이 박음질은 이런 느낌으로 해달라, 완성선은 이렇게 꼭 지켜달라……
샘플을 보면 제가 살려달라는 느낌이 어떤 건지 숙련자들은 잘 알아요.
그런 게 서로의 스펙과 신뢰를 보여주는 것이기도 하고요."

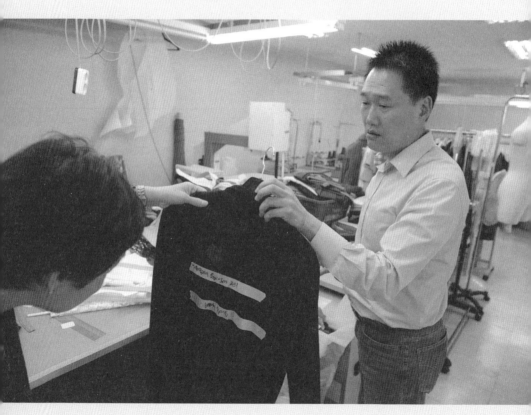

그 과정을 다 거치는 데 보통 얼마나 걸립니까?

"그게요, 10년은 넘어야 합니다. 다림질하고 천을 꺾으면서 손으로 만져보면 어떻게 박음질해야 하는지 느낌이 옵니다. 손끝에 느낌이 다 있는 거지요. 제가 교육생들한테 '내 손끝에 있는 감각을 다 가져가라' 그랬어요. 30년 넘는 노하우가 내 손끝에 축적돼 있거든요."

학생들에게 기술을 가르치는 대목을 말하기 시작하면서 한상민 씨의 표정이 한층 밝아진다. 그는 다름 아닌 한국패션봉제아카데미의 선생님이기 때문이다.

가르치면서 배운다는 의미를 알았다
—

2006년 창신동에 참여성복지터가 운영하는 '수다공방'이 문을 열었다. 당시 대표를 맡고 있던 나(전순옥)는 '동대문패션기술학교'라는 이름으로 봉제기술 교육 프로그램을 본격적으로 가동해 봉제인들이 기술을 업그레이드할 수 있는 기회를 제공했다. 봉제 기술을 배우려는 모든 이에게 문을 열어놓기는 했지만, 이미 현업에 종사하고 있는 이들을 전문 봉제인으로 키우는 데 중점을 두고 시작한 프로그램이었다. 이를 위해 봉제 과정을 초급반, 중급반, 고급반, 심화반으로 나눠서 단계별로 기술을 키워갈 수 있게 가르쳤다. 2010년에는 지식경제부로부터 '사단법인 한국패션봉제아카데미'로 설립 허가를 받았다.

한상민 씨는 아주 일찍이 이 프로그램에 참여했다. 동대문패션기술학교가 문을 연 지 두 달 만인 2006년 8월부터 지금껏 강사로 일하고 있으니 햇수로 10년째다. 그는 옷 만드는 기술자로 30여 년을 성실하게 걸어온 덕분에 패션봉제아카데미에서 가르칠 수 있게 되었다고 믿고 있다. 교육 프로그램을 시작하던 당시, 이 분야에서 실무 경력이 있는 전문 강사를 찾던 중에 그가 적임자로 낙점된 것이다.

"처음에는 제 이름 석 자도 말을 못 했어요. 전부 여성분들이었지요. 쑥스럽고 얼굴도 빨개지고……. 이쪽에서는 그래도 옷 잘 만든다는 소리 들었었는데, 가르친다는 것은 완전히 다르더군요. 정신이 없어져요. 앞에서 스피치하고, 수업 진행하고, 제가 설명하려는 내용을 표현하기가 정말 어렵더라고요. 지금도 몸부림치고 있는데, 물론 지금은 그때보다 낫습니다. 하하하……."

10년 전이지만 첫 제자들은 특히 기억에 남으실 것 같습니다.

"처음 맡은 수업에서 15명을 가르쳤는데, 대부분 단품봉제 기술을 업그레이드하려고 온 분들이었습니다. 다 누님뻘 되는 30년 이상 경력자들이었어요. 제가 토털 기술자로 하이패션 쪽 경력이 많으니까 심화반에 투입된 거지요. 나중에 그분들이 워크숍에 가서 '한상민 선생님하고 같이 하면 모든 걸 배울 수 있을 것 같다'고 추천해주면서 상근을 하게 됐어요. 초급반, 중급반, 고급반, 심화반 다 가르쳤는데, 그러면서 배운 게 참 많습니다."

"무엇보다 저 자신이 바뀌었습니다.
제가 가진 기술을 새롭게 바라볼 수 있게 됐거든요.
처음에는 저보다 교육도 많이 받고 똑똑한 분들이 제 수업을 찾아 듣고
기술을 배우려는 것을 보면서 속으로는 '왜 그러나' 싶었습니다.
그러다 깨닫게 됐지요.
제 기술의 가치를 저만 인정하지 않고 있었다는 사실을요."

4년간 상근을 하셨고, 지금도 강의 나가시지요?

"그럼요! 지금은 주로 심화반 수업을 맡아서 합니다. 요즘은 학생들과 함께 봉제아카데미의 연례행사인 연말 패션쇼 준비를 하느라 더욱 바쁘지요. 저한테는 봉제아카데미와의 만남이 행운이었습니다. 누군가를 가르칠 수 있는 기회를 가지게 된 것이 얼마나 고마운지 몰라요."

봉제아카데미 강사라는 것을 그렇게 특별하게 생각하시는 이유가 뭘까요?

"무엇보다 저 자신이 바뀌었습니다. 제가 가진 기술을 새롭게 바라볼 수 있게 됐거든요. 처음에는 저보다 교육도 많이 받고 똑똑한 분들이 제 수업을 찾아 듣고 기술을 배우려는 것을 보면서 속으로는 '왜 그러나' 싶었습니다. 나는 먹고살기 위해서 기술을 익힌 것뿐인데, 그분들의 진지하고 모범적인 자세를 보면서 고맙기도 하고 궁금하기도 했습니다. 그러다 깨닫게 됐지요, 제 기술의 가치를 저만 인정하지 않고 있었다는 사실을요."

요즘 방송통신대학교에 다니신다고요.

"2013년에 의상학과 신입생이 됐지요. 제 전문적인 기술에 이론을 가미해 가르치는 방법을 터득하게 되면 한 단계 더 올라갈 수 있지 않을까 생각했습니다. 의상은 제 직업과 연계된 부분이니까 체계적인 표현이 가능할 것 같아요. 현장에서는 감각과 느낌으로 옷을 만드는데, 어떤 소재가 들어가느냐 등을 이론으로 표현해보고 싶습니다. 제가 공부를 열심히 한다면 그렇게 되겠지요. 그런데 막상 접해보니 쉽지 않네요. 막 현기증이 나요. 하지만 좀 벅차긴 해도 할 수 있겠다 싶어요. 가르치면

03 만든이의 숨결이 배어 있는 기술은 100년을 간다

서 배운다는 게 이제 무슨 뜻인지 알겠습니다. 저한테는 바로 이게 변화인 거지요!"

한상민 씨는 2013년 5월 고졸 검정고시에 합격했다. 그는 그동안 '학력을 얻느라' 매일 새벽 4시쯤 일어나 조금씩 공부를 했다. 총각 시절부터 5시 반이면 어김없이 일어났었는데, 검정고시를 준비하느라 한 시간 더 일찍 일어났다. 덕분에 검정고시 고교 과정은 별로 어렵지 않게 수료할 수 있었다고 한다.

우리가 걸어온 길 자체가 눈물
—

대한민국의 눈부신 경제성장 과정에서 봉제인들이 기여한 바는 역사적으로 승인을 마친 상태다. 또한 세계적으로 한국 봉제 노동자들의 근면성과 실력에 대한 성가도 드높다. 글로벌 의류업체 '아메리칸어패럴'의 대표인 도브 체니는 자신의 성공을 이야기할 때 한인 봉제업자 두 명의 이름을 빼놓지 않는다고 한다. 그가 아메리칸어패럴을 창업하고 1989년 로스앤젤레스로 옮겨와서 일을 시작했을 때, 그곳의 한인 봉제업자들은 '단기'로 납품 일자를 맞춰주는 최고의 협력자였다는 것이다. 당시 이 회사 광고 포스터에 '한 명의 유대인과 두 명의 한국인이 만드는 옷'이라는 문구가 있었을 정도다.

그러나 여전히 우리 사회에서는 봉제인들이 그동안 해왔고, 지금도 하고 있는 역할에 걸맞은 인정도, 대우도 못 받고 있다. 한상민 씨는 이런 현실이 서글프다고 말한다.

"우리 일이 다른 직업군보다 숙련되는 데 시간이 상당히 많이 걸립니다. 옷 만드는 게 그만큼 어렵다는 말입니다. 물론 부분 봉제나 단품 봉제 기술은 시간이 조금 덜 걸리겠지만, 토털로 하기에는 시간이 상당히 걸리지요. 옷에 대한 이해도 어렵고, 박음질도 소재마다 느낌을 살려서 다르게 해야 원하는 실루엣이 나오거든요. 예를 들면 시폰이나 실크는 박음질을 곱게 해야 합니다. 외국 다녀오신 분들이 얘기하는데, 그쪽에서는 미싱사들도 디자이너라고 한다면서요? 아이템 만들어내는 이들만 디자이너가 아니고, 봉제하는 이도 디자이너라는 게 정말 맞는 말입니다. 만들어보면 압니다, 봉제도 디자인이라는 것을요!"

하지만 봉제인들이 처한 환경은 여전히 참 열악하지요.

"저희는 걸어온 길 자체가 눈물입니다. 물론 다른 직업군에서 힘들게 일하시는 분들도 있지만, 그분들과 비교했을 때도 소외감을 느끼지요. 그에 준하는 대접을 못 받았으니까요. 봉제산업이 1970~80년대 국가 발전에 큰 역할을 했다고 보는데, 정부에서는 IT에만 관심과 지원을 쏟지 않았습니까? 국가적인 편견이 아닌가 생각합니다. 다른 직업군들은 연봉도 수당도 올라가고 하지만 우리는 그런 게 없습니다. 4대 보험, 퇴직금 같은 보장 제도가 없지요. 30년 경력 기술자들도 능력에 따른 대우를 못 받습니다. 20~30년 경력자들도 월 200만 원을 보장받지 못해요.

03 만든 이의 숨결이 배어 있는 기술은 100년을 간다

150만 원 받기도 어렵습니다. 근로기준법도 제대로 못 지키고요. 우리 패션봉제 쪽은 그런 제도들의 사각지대나 다름없습니다."

임가공료도 상당히 낮은 편이지요?

"동대문 쪽에 봉제공장이 2,000~3,000개 운집해 있습니다. 서로 말도 안 되는 가격으로 경쟁하는 것을 보면 다들 절실하다는 말이거든요. 조금만 일을 안 하면 불안하고 생계를 꾸려나가기 어렵습니다. 도매 물건 파는 곳에서 500원, 1,000원 차이는 정말 크거든요. 한 장에 500원 차이면 하루 100장에 5만 원 차이가 납니다. 일당 5만 원 차이면 상당히 큰 거지요."

그런 만큼 소공인법에 거는 기대가 크실 것 같습니다.

"그렇지요. 그동안 봉제아카데미를 통해서 동대문에 새로운 기운이 움트고 있다는 것을 몸으로 느껴왔지만, 법은 그보다 훨씬 더 큰 차원 아닙니까? 소공인법이 통과됐을 때 드디어 우리에게도 국가가 눈길을 주려나 보다 싶어서 울컥하더군요."

어떤 면에서는 봉제인들 스스로 노력해야 할 부분도 있을 듯한데요. 이를테면 업계의 오랜 관행 같은 것들 말입니다.

"예. 안 그래도 주변에서 조금씩 사업자 등록을 하기 시작하는 추세입니다. 우리도 그냥 지원받는 것은 원하지 않아요. 우리 쪽에서 대안을 내놓고 이런 모델로 사업하고 싶다 하면서 지원책을 부탁해야지요. 지금까지 단합해서 한목소리를 내려는 노력이 부족한 탓에 관심 밖으로 밀려난 게 아닌가 싶기도 하고…… 요즘 여러 생각이 듭니다."

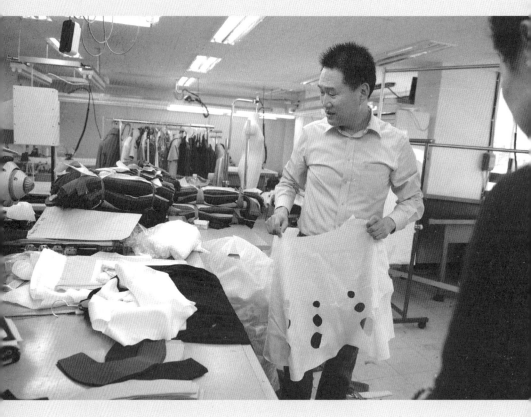

"저희는 걸어온 길 자체가 눈물입니다.
물론 다른 직업군에서 힘들게 일하시는 분들도 있지만,
그분들과 비교했을 때도 소외감을 느끼지요.
그에 준하는 대접을 못 받았으니까요."

소공인법을 통해 구체적으로 어떤 점이 개선되기를 바라십니까?

"무엇보다 재정적인 문제가 해결돼야지요. 우리같이 부가가치는 크지만 자본은 없는 생산업자들에게 낮은 금리로 자금을 융통해주면 얼마나 좋겠습니까? 1년 내내 일거리가 꾸준하지 않으니, 일정한 평균치가 없어서 대출받기가 어렵거든요. 그런 분들을 기준으로 운영 자금을 저리로 지원해서 사업을 지속적으로 할 수 있도록 해주는 거지요. 그리고 일하는 공간도 돌아보면 참, 말이 안 나옵니다. 공간 자체에서 냄새도 나고, 다들 지하에다가……. 우선 경력자들이 아파트형 공간을 지원받을 수 있다면 좋겠습니다. 패션 쪽에서 오래 일하면서 일정한 역할을 한 분들에 대한 예우가 있었으면 하는 거지요. 우리가 보면 알거든요. 또 정부가 품질 심사 거쳐서 하이 퀄리티(고급 기술) 가진 분들을 한 공간에 모아놓고, 한국 제품의 우수성을 홍보할 수 있도록 지원하면 좋겠고요. 경력자들의 기술전수 과정이 일자리 창출로 이어지면 참 좋겠습니다."

바늘 잡고 돈 걱정하면 정신적으로 흔들린다

—

옷 만드는 기술에 대한 자부심이 대단한 한상민 씨에게 이탈리아 옷과 동대문 옷을 비교해보면 어떤 차이가 있는지 솔직한 생각을 물어보았다. 그의 목소리가 약간 낮아진다.

"소재 차이도 있고요. 무엇보다 기업체 사장의 마인드 차이도 크지 않나 싶습니다. 우리나라 의류업체 사장들은 저임 가공으로 생산하려 하고, 소재도 비슷하게 그냥 카피 형식으로 해서 브랜드로 내니까 시장 질서가 무너지는 것이지요. 그렇게 만들어 고가로 내놓으니 소비자에게도 호응을 못 받는 것이고요. 사실 이탈리아 옷에 우리가 뒤질 이유가 없습니다. 우리 봉제 기술이 세계적인 수준이거든요. 그 사람들도 외국 기술자한테 줘서 OEM으로 만드는 거 아닙니까? 다 이탈리아 기술자들이 만드는 것은 아니잖아요."

결국 시스템이 갖춰져야 한다는 말씀이군요.

"우리나라의 유명한 패션 디자이너들 옷 한번 보세요! 다 어디서 만듭니까? 모두 우리나라 기술자들이 만듭니다. 옷을 만드는 데 집중력을 가지고 기술을 발휘할 수 있도록 환경을 만들어주면 우리도 그렇게 할 수 있다 그거지요! 우리는 옷 열 벌을 만들어야 먹고사는데, 그쪽 기술자들은 세 벌만 만들어도 가능하거든요. 그러니 그 집중력과 비교할 수 있겠습니까?"

"바늘 잡고 돈 걱정을 하면 정신적으로 흔들리거든요.
그리고 동대문이 빨리빨리 가서 좋다고들 하는데,
한국의 대표 시스템 '빨리빨리', 이것을 바꿔야 생산품의 질이나
여기서 일하는 사람들의 삶의 질에 발전이 있다고 봅니다."

우리 봉제 기술을 높이는 가장 빠른 길은 기술자들이 먹고살 걱정 없이 옷 만드는 데 집중할 수 있게끔 해주는 것이다?

"그럼요! 바늘 잡고 돈 걱정을 하면 정신적으로 흔들리거든요. 그리고 동대문이 빨리빨리 가서 좋다고들 하는데, 한국의 대표 시스템 '빨리빨리', 이것을 바꿔야 생산품의 질이나 여기서 일하는 사람들의 삶의 질에 발전이 있다고 봅니다."

우리 봉제 기술력이 상당히 뛰어나다는 건 알고 있는데, 디자인 쪽은 어떻습니까?

"아, 그건 잘 모르겠어요. 창의성보다 카피? 사실 솔직해야지요. 우리도 중국 못지않은 '카피 강국'으로 꼽힙니다. 요즘 미국, 이탈리아, 프랑스 유학 갔다 온 사람들이 아주 많은데 업체에서는 잘 안 씁니다. 그냥 동대문시장 조사해서 카피 쪽으로 가는 거지요. '카피 선진국'입니다. 기업이 상술 쪽으로만 가 있는 것이지요. 옷에 가치를 두지 않고……. 고객 만족이 아니라 돈에만 눈이 뜨여 있으니 말입니다. 의류 쪽 중소기업들도 카피해서 만들면 개발비가 절감되고 신속한 생산이 가능하니까 그쪽으로만 가려는 거고요."

봉제산업, 봉제인에 대한 사회 전반의 인식 변화도 필요할 것 같습니다.

"이제 우리 세대가 지나면 기술자가 있을까 싶습니다. 프랑스, 이탈리아, 미국, 영국 같은 곳에서 기술자를 예우하는 것을 보면 차이가 많이 나지요. 그들은 부를 축적하면서 삶을 즐긴다는데, 과연 우리나라도 선진국이 되면 국가 차원에서 예우받을 수 있을지 궁금합니다. 우리는 전문 직업군이면서도 국가 차원에서 대우를 못 받고 있는데, 전 의원님도

"이 직업의 장점이 딱 한 가진데요. 바로 나이 먹어도 할 수 있는
일이라는 겁니다. 저는 기술이 곧 노후 대책이라고 생각해요.
공무원이나 다른 사업자들처럼 노후 대비를 충분히 할 수는 없지만,
토털 기술자로 계속 일하면서 제가 할 수 있는
역할이 분명히 있을 거라고 생각합니다."

잘 아시는 것처럼 사실 봉제는 수작업으로만 가능한 거거든요. 자동화가 안 됩니다. 영원히 안 돼요. 옷은 해마다 기술과 소재가 바뀌는 것인데, 디테일하게 들어가는데, 손으로 해야 하는 일이지요."

그래도 기술자로 살아오신 걸 후회하지는 않으시지요?

"그럼요! 이 직업의 장점이 딱 한 가진데요, 바로 나이 먹어도 할 수 있는 일이라는 겁니다. 저는 기술이 곧 노후 대책이라고 생각해요. 70세까지 일할 계획입니다. 건강한 경제활동을 그 정도로 보고, 건강관리 잘해서 그 뒤에도 계속 일하고 싶습니다. 공무원이나 다른 사업자들처럼 노후 대비를 충분히 할 수는 없지만, 토털 기술자로 계속 일하면서 제가 할 수 있는 역할이 분명히 있을 거라고 생각합니다."

그의 작업실은 넓고 깨끗해서 일하기 좋은 환경이었다. 깨끗하고 산뜻한 공간에서 일하고 싶은 소원을 이룬 셈이라, 임대료가 부담되지만 어떻게든 이 공간을 잘 꾸려나가고 싶어 한다. 그러나 건물 안에 이런 공간을 얻는 것 자체가 어렵다고 한다.

"먼지가 많이 나니까요. 엘리베이터가 있는 빌딩에서는 옷 만드는 공장에 세를 안 주려고 해요. 재단 칼이 돌아갈 때 먼지가 많이 생기거든요. 겨울옷, 특히 캐시미어나 울 소재가 먼지가 많아요. 보세요! 여기 바로 이렇게 쌓이잖아요."

그가 테이블 위로 먼지를 쓸어 보인다. 문득 어릴 때 평화시장 공장 천장에서 보았던 먼지가 떠올랐다. 지붕 틈으로 새어 들어온 빛 사이로 퍼

03 만든 이의 숨결이 배어 있는 기술은 100년을 간다

지던 그 먼지들. 지금 그 먼지의 두께는 많이 얇아졌을까? 다행히도 봉
제공장에 쌓이는 먼지를 쓸어내려는 이들의 노력은 점점 체계적으로
자리를 잡아가고 있는 것 같다. 무엇보다 봉제인 스스로 옷 만드는 일을
자랑스러워하고 있지 않은가! 한상민 씨가 날렵하게 다시 재단대 앞으
로 몸을 돌린다. 패션쇼에 나갈 드레스를 만들어야지!

가르치면서 깨달았다,
내 기술의 가치를
나만 인정하지 않고
있었다는 걸

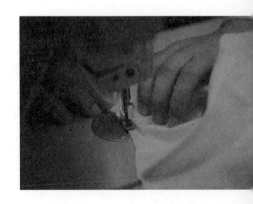

김
의
곤 ─

양복 장인,
경력 57년

백발의 테일러,
'좋은 양복 한 벌'의 가치를 전수하다

─

1939년	전남 나주 출생
1959년	양복점의 어린 도제가 되다
1984년	국민은행 소비조합 맞춤 양복점을 차리다
1994년	서울복장노동조합의 위원장이 되다
1997년	『말』지 선정 진보 인사 2,000인에 섬유노동조합 위원장으로서 포함되다
2009년	'테일러아카데미'를 열다
2013년	이탈리아 맞춤 정장 '델리카시'와 기술 제휴를 맺고 '델리카시코리아'를 설립하다
현재	테일러아카데미 원장으로 활동 중

최근 몇 년 사이에 대중매체나 블로그 등을 중심으로 '맛집'에 대한 정보가 인기를 끌면서, 이제는 맛집 중에서도 오랜 역사를 자랑하는 이른바 '노포(老鋪)'에 대한 관심이 커지고 있다. 노포의 사전적 정의는 '대대로 물려 내려오는 점포'이니, 오랜 세월 대를 이어 같은 아이템으로 승부해온 곳이라면 식당뿐만 아니라 모든 가게가 포함되는 셈이다. 그런데 대를 이어가며 50년을 넘나드는 가게를 노포라고 한다면, 50년 넘게 한 가지 기술을 연마해온 사람은 과연 뭐라고 불러야 할까.

　대한민국 멋쟁이들이 다 모인다는 서울 강남의 청담동 거리에서 무려 57년째 양복을 만들어온 김의곤 씨를 만났다. 그가 원장직을 맡고 있는 '테일러아카데미'가 있는 곳이다. 양복 만드는 기술을 가르치는 아카데미는 고급 양복점 '피치라인옴므'와 문 하나를 두고 연결되어 있어 배움의 생생함이 더할 듯했다.

　고급스런 분위기의 양복점 실내는 오래전의 클래식한 분위기가 배어 있었다. 옛날에 비하면 요즘은 맞춤 양복을 찾는 이들이 드물다고 하지만 꼭 그렇지만도 않은 듯, 숍 곳곳에 피팅을 기다리는 양복들이 걸려 있었다. 그 옆에는 양복에 어울리는, 얼핏 봐도 고급 원단으로 만들어진 드레스 셔츠가 색상별로 진열되어 있었다. 70대 중반의 노신사 김의곤 씨는 양복 차림이 썩 잘 어울렸다. 하긴 반세기 넘게 맞춤 양복과 함께 살아온 사람이 아닌가. 우리는 한국 맞춤 양복의 역사를 듣기 위해 그와 마주 앉았다.

명동 신사 하면 양복,
테일러는 최고의 직업이었다
―

"지금 대기업이 맞춤 양복업을 상생업종 리스트에서 없애겠다고 합니다. 대기업이 맞춤 양복업자들의 밥그릇을 빼앗겠다는 말이지요. 까치밥으로 남은 것까지 가져가겠다는 건데 이 일을 어떻게 해야 할지……."

김의곤 씨는 현재 의류업계에서 맞춤 양복이 처한 상황을 먼저 이야기하고 싶어 한다. 8년 전, 정부는 맞춤 양복업자들을 보호하기 위해 기성 양복을 생산하는 대기업에게 약간의 '양보'를 권고하는 의미이자 일종의 제어장치로 맞춤 양복업을 '상생업종'에 올려놓았다. 그 제어장치가 소규모 맞춤 양복업자들에게 얼마만큼의 기운을 불어넣었는지는 확실치 않지만, 그나마 이제 그 시한도 끝났다고 한다. 새로운 조치가 필요하지만 정부에서나 맞춤양복협회에서나 별 움직임이 없어 김의곤 씨는 무척 답답한 모양이다.

대형 마트와 동네 상권, 프랜차이즈 베이커리와 개인 제과점, 대형 서점과 중소 서점……. 힘세고 거대한 것이 작은 것을 잡아먹으려는 시장의 논리는 양복업계에도 예외가 아닌 셈이다. 그는 그러나 맞춤 양복이 대세였던 시대를 아주 분명히 기억하고 있다.

"1960~70년대에는 맞춤 양복 한 벌 입는 게 큰 자랑이었지요. 다들 소공동, 명동, 광교에서 맞춰 입었어요. 기록상 양복의 1번가는 소공동인

고급스런 분위기의 양복점 실내는
오래전의 클래식한 분위기가 배어 있었다.
옛날에 비하면 요즘은 맞춤 양복을 찾는 이들이 드물다고 하지만
꼭 그렇지만도 않은 듯, 숍 곳곳에 피팅을 기다리는 양복들이 걸려 있었다.

데 사실 광교가 엄청나게 큰 규모였어요. 1960년대부터 80년대 초까지 광교가 중심이었지요. 소공동이 더 알려지게 된 것은 과거에 증권거래소가 있어서 그렇습니다. 돈이 있는 곳에 양복이 있었어요. 앙드레김 의상실도 있었고, 소공동에 양복점들이 즐비했었는데 다 잘됐어요."

선생님에게도 그 시절이 전성기였겠군요.

"30대 중반쯤이었는데 김진규, 신영균 같은 당대 톱스타들의 옷을 지어 입히며 양복장이로서 행복을 만끽했지요. 업계에서 장인이라는 소리도 들었고요."

처음 양복업계에 입문하신 계기를 말씀해주시겠습니까?

"1959년에 고등학교를 졸업하자마자 양복업계로 눈을 돌렸습니다. 당시 고등학교 교육에서 1인 1기술을 갖자고 강조하던 시대였는데, 공무원이던 아버지가 워낙 청렴한 분이셨어요. 가정형편이 넉넉할 수가 없었지요. 아버지가 기술을 배워서 사는 것도 좋을 거라고 하시더군요. 당시에 양복은 어떤 기술보다 수입이 좋았던 직종이었고요. 양복 만들면 돈을 많이 벌겠구나 싶었습니다."

기술은 어디서 배우기 시작하셨어요?

"마침 좋은 스승이 바로 옆에 있었습니다. 고모부가 저를 도제로 삼아 일을 가르쳐주셔서 집중적으로 배울 수 있었지요. 1년 반 만에 양복저고리를 만들 수 있게 됐어요. 그때는 다들 어린 나이에 들어와서 잔심부름도 하면서 일을 배웠기 때문에 시간이 좀 걸리는 편이었는데, 저는 바로 일을 배운 덕분에 일찍 기술을 익힐 수 있었습니다."

1960년대의 양복점 작업 환경은 지금과 무척 달랐을 것 같습니다.

"이런저런 잔심부름을 다 하는데 그중에서도 인두에 불을 피우는 것이 중요했지요. 그때는 전기다리미가 아니라 숯불을 피워서 아이론을 달구던 시대였어요. 다들 가게 뒤편에 숯가마를 두었는데, 어린 도제들이 시커매지는 것도 아랑곳하지 않고 숯섬 뒤에서 자고 그랬어요. 워낙 피곤했으니까요."

그런 시기를 거쳐서 처음 만드셨던 양복저고리를 지금도 기억하십니까?

"그럼요! 제 눈으로 봐도 참 잘 만들었다 싶었지요. 그때 기술자들은 도급으로 일을 했는데, 고모부가 일반 기술자보다 30퍼센트나 할증을 더 받으셨어요. 그만큼 인정받는 기술자였습니다. 그런데도 그때는 뭘 몰랐으니 고모부 옷이나 내 옷이나 똑같아 보였지요."

고모부 눈에는 전혀 그렇게 안 보였을 텐데요.(웃음)

"그러게요. 저도 시간이 한참 지나고 나서야 그 엄청난 기술의 차이를 알게 되더군요."

조금 전에 '할증'이라고 하셨는데, 같은 기술자라도 숙련도에 따라 돈을 더 받는다는 거지요? 지금도 그렇습니까?

"예. 할증은 지금도 있습니다. 기술이 좋을수록 맞춤 비용이 높아지는 게 당연하니까요. 장인은 명성과 기술에 걸맞은 대우를 받아야 마땅하지 않습니까?"

맞춤 양복의 전성시대에는 분명히 그랬을 것 같습니다.

"1970년대 당시에 우리나라에서 제일 큰 양복점은 '미림양복점'이었

"30대 중반쯤이었는데 김진규, 신영균 같은
당대 톱스타들의 옷을 지어 입히며 양복장이로서 행복을 만끽했지요.
업계에서 장인이라는 소리도 들었고요."

습니다. 대기업이나 건설회사보다 연간 매출이 높을 정도였어요. 조끼까지 말끔하게 차려 입은 신사들이 명동 거리를 뽐내며 다니고, 그 멋진 양복을 만들어내던 테일러들은 자동으로 어깨가 으쓱 올라가던 시절이었지요. 양복점 쇼윈도마다 세계기술대회에서 수상했다는 문구를 몇 개씩 내걸곤 했습니다."

맞춤 양복의 가치가 다시 인정받을 것
—

김의곤 씨는 우리나라의 양복 만드는 기술이 아주 일찍부터 세계적으로 인정받았다며 그 이야기를 신나게 들려준다.

"그때는 양복 기술 콩쿠르가 있었지요. 양복저고리만 했어요. 바지는 기술로 쳐주지도 않았고요. 그런데 한국인의 손이 미다스의 손이에요! 기능올림픽이 1960년대 초에 생겼는데, 우리가 1967년부터 1983년까지 12연패를 했다니까요. 기네스북에 올라갈 정도였지요. 한 종목을 12연패한 기록이 딴 데엔 없어요. 결국 그 종목이 없어지고 말았지요. 한국 사람들이 상을 다 휩쓸어가니까. 한국인이 그 정도로 잘한 거지요."

그렇게 꾸준히 뛰어난 성적을 거둘 수 있었던 이유가 무엇이었을까요?

"선진국에서 기능올림픽대회에 보내는 참가자 대부분이 아마추어들이었는데 우리는 다 프로들이었어요. 초등학교 마치자마자 바로 양복 만드는 일에 뛰어들어 스무 살도 되기 전에 객공으로 인정받고 할증까지 받는 기술자들이었던 거지요. 그런 기술자들을 놓고 선발해서 대회에 나가게 했으니 금메달을 딸 수밖에요. 외국 선수들은 거의 고등학교 졸업하고 배운 데다 손도 크고 기술이 아직 덜 익은 상태였으니 한국이 매번 이겼지요."

그런 호시절도 1970년대 이후 저물었다고 알고 있습니다.

"예. 그때까지는 양복이라면 거의 맞춤으로 입던 시절이었고, 또 일본에서 들어오는 주문도 많았습니다. 하지만 기성 양복이 나오기 시작하면서 사람들이 더 이상 비싼 삯을 치르고 양복을 맞춰 입으려고 하지 않았어요. 수요가 줄어들면서 사람들의 관심에서 밀려나다 보니 최근 20년간 새로운 기술자들도 키워내지 못했고요."

그럼 맞춤양복 시장에 전망이 있을까요?

"있고말고요! 지금 서서히 맞춤 양복을 찾는 수요가 늘고 있어요. 양복천을 파는 업자들이 시장을 가장 잘 파악하고 있는데요. 이들 말이 우리나라는 그래도 원단 만드는 회사가 5~6개 있다고 하거든요. 일본의 경우는 이제 양복 원단회사가 없어요. 다만 우리 시장에서도 맞춤 양복의 중간층이 사라진 상태라고 볼 수 있지요. 아주 비싼 이탈리아 명품 양복점만 해도 우리나라에 수십 군데 있습니다. 그리고 양복업계에서는 비교적 싸다고 할 수 있는 30만~50만 원대 소비자층이 늘어나고 있는 추세인데 그 중간은 없지요. 하지만 이제 나만의 옷을 찾는 시대가 됐잖아요. 특히 우리 한국인들이 입는 데에는 남다른 욕구가 있는 사람들이지요. 앞으로는 맞춤이 늘어날 것 같습니다."

맞춤 양복의 가치에 대해 사람들이 결국 동의할 것이라고 보시는군요.

"기성복이 궁극적으로 추구하는 목표가 바로 '맞춤 양복 같은 기성복'을 만드는 것이라고 하지 않습니까? 맞춤 양복은 단 한 사람을 위한 옷입니다. 입는 사람에게 최적의 조건을 갖춘 옷이라고 할 수 있지요. 반면 기성복은 여러 대중을 상대로 몇 가지 사이즈에 한정해서 제작하기 때문에 맞춤복만큼 꼭 맞는 핏이나 디자인을 기대하기는 어렵습니다. 나만을 위한 패션을 고집하는 게 요즘 시대적인 추세이기 때문에 맞춤은 꼭 다시 일어설 것입니다."

그런 시대적 흐름을 타고 성장하기 위해서는 맞춤 양복계가 노력해야 할 부분도 있을 것 같은데요.

"마케팅 능력입니다! 기본적으로 맞춤 양복은 단골이 있어야 해요. 그래서 영업 전략이라고 할 만한 게 있어야 하는데 그게 부족하지요. 저만 해도 그동안 옷 만들기에만 주력했지 그쪽으로 신경을 안 썼어요. 우리가 기능올림픽에서 12연패를 했으니 기술자들이 얼마나 많았겠어요. 그런데 그중에 성공한 경우가 거의 없습니다. 옷 만드는 기술은 있었지만 디자인이나 패턴 기술은 부족했고, 마케팅에 대해서는 거의 문외한이었지요. 수상자들에게 고객 관리 등에 대한 지원을 해줬다면 달라졌을 텐데……. 그들도 단골이 없으니 좋은 곳에는 양복점을 못 내고 그냥 변두리에서 소소하게 하다가 사라지고 말았지요."

"기성복이 궁극적으로 추구하는 목표가
바로 '맞춤 양복 같은 기성복'을 만드는 것이라고 하지 않습니까?
맞춤 양복은 단 한 사람을 위한 옷입니다.
입는 사람에게 최적의 조건을 갖춘 옷이라고 할 수 있지요."

'편하다'라는 말에 최고의 기술이 다 들어 있다

―

'양복저고리를 만든다는 것은 분명 대단한 기술이다. 그러나 자기만족만으로는 먹고살 수 없는 것'이라고 김의곤 씨는 지적한다. 나무랄 데 없이 훌륭한 양복을 만들어내는 솜씨가 있어도 소비자와 만나는 기술이 필요하다는 말이다.

그런 면에서 '피치라인옴므'는 새로운 시대에 부합하는 맞춤 양복의 현장을 보여주는 좋은 본보기다. 현재 여섯 명의 직원들이 일하고 있는데, 피치라인옴므가 패션의 거리 청담동에 자리를 잡은 이유는 이렇단다. "청담동이 곧 옛날 소공동처럼 될 거라고 생각했기 때문입니다. 고객들 중에는 명품 양복을 자신의 몸에 맞춰 입기 위해 오시는 분들도 많습니다. 현재 우리나라 명품 양복 고객들은 정확하게 표현하자면 브랜드를 입는 거라고 말하는 게 맞습니다. 명품이란 원래 설계했을 때 표준 규격이라는 게 있는데, 일단 손을 대버리면 황금비율이 깨지거든요. 한국 사람들과 유럽 사람들의 신체에서 차이 나는 게 바로 팔입니다. 그쪽이 우리보다 길어요. 그러니 수선은 불가피하지요. 수선에도 좋은 기술이 반드시 필요하니까 우리를 찾아오는 거고요."

다른 옷과 비교할 때 양복은 특별히 어떠해야 한다는 기준이 있습니까?

"오히려 양복은 '특징이 없어야 하는 것이 특징'이라고 할 수 있습니다. 원래는 서양인의 옷이었지만 이미 동서양을 막론하고 남자들의 보편적인 복장이 됐으니까요. 다시 말해서 양복은 누구나 입었을 때 편안해야 합니다. 그 '편하다'라는 말 안에 최고의 기술이 다 들어 있다고 보는 게 맞겠지요. 무엇보다 패턴사와 잘 맞았을 때 편안한 옷을 만들어낼 수 있습니다. 이탈리아 양복이 세계를 제패한 이유도 가볍고 움직이기 편하기 때문입니다."

최고의 기술이 요구되는 분야지만 양복 기술을 교육하는 곳은 별로 못 본 것 같습니다.

"국내 의상·패션 관련 학과에서 배출되는 학생이 연간 8,000여 명에 달하지만 남성 정장 분야를 전문으로 가르치는 곳은 한 곳도 없습니다. 얼핏 여성복이 더 섬세한 기술이 필요할 것 같지만 사실은 남자 양복이 더 그렇습니다. 양복을 만드는 전체 공정의 80~90퍼센트가 수작업이거든요. 보이는 부분보다 보이지 않는 곳에 손길을 더 많이 줘야 하는 옷입니다. 그래서 좋은 기술로 지은 양복은 아무리 오래돼도 옷에 변형이 절대 안 오는 것이지요."

가르치는 곳이 드문 만큼, 테일러아카데미까지 찾아온 학생들은 원장님처럼 양복에 인생을 걸어보겠다는 생각으로 온 경우가 많겠군요.

"예, 대학에서 패션학과를 졸업하고 온 학생들도 많습니다. 칠순이 넘은 제가 아카데미를 설립하고 후진 양성에 적극 나선 이유는 좋은 기술자, 뛰어난 테일러를 키워내는 일이 얼마나 중요한지 말하기 위해서입니다. 한때 기술 가운데서도 최고로 손꼽히던 맞춤 양복이 국내 소비자들에게서 멀어진 데에는, 다른 이유도 있겠지만 제대로 된 기술을 가진 테일러들이 없어진 탓도 있다고 봤거든요. 2010년에 정부의 '노사발전

"양복은 누구나 입었을 때 편안해야 합니다.
그 '편하다'라는 말 안에
최고의 기술이 다 들어 있다고 보는 게 맞겠지요."

위원회' 지원 사업으로 아카데미를 시작했는데, 2014년부터는 지원 없이 독립적으로 운영하고 있습니다."

테일러아카데미에서 그동안 몇 명이나 배출하셨습니까?

"졸업생은 약 260명이고, 양복업계와 패션업계 전역에서 활동 중입니다. 현재 20명가량의 수강생이 배우고 있는데 전부 도제식이지요. 앞으로 제대로 된 기술은 물론이고 마케팅 능력까지 갖춘 기술자들이 나왔으면 합니다."

몇 년 정도 배우면 기술자라고 할 수 있을까요?

"2년쯤 배우면 양복저고리를 만들 수 있게 됩니다. 하지만 진짜 제대로 잘 만들려면 5년은 걸리지요. 소위 '할증'을 받으려면 그 정도는 해야 합니다. 그동안 우리가 압축 성장을 해오다 보니 중요한 것도 생략하고 그냥 건너뛰려는 경향이 있는데, 전 늘 1만 시간의 법칙을 강조합니다."

어느 분야든 하루 3시간씩, 10년을 투자해야 성공한다는 1만 시간의 법칙 말이군요.

"그렇지요. 하지만 꼭 얼마의 시간이다 정하지 않아도 진짜 장인은 스스로 그 경지를 알게 되는 것 같습니다. 제 고모부가 한평생 옷을 만드시다가 어느 날 일을 딱 관두시는 거예요. 그러자 주변에서 서로 모셔가려고 난리였는데 그분이 안 나서요. 그리고 하시는 말씀이 '내 손에서 옛날 일이 안 나오는데 어떻게 하느냐?' 그러시는 겁니다. 그때 깨달았지요. 당신이 진짜 장인이시구나, 존경의 마음이 들어 더 이상 권하지 않았지요."

1970년대 중반까지만 해도 기술자들이 일이 안 된다는 이유로 스트레스를 받곤 했는데, 1980년대 들어서는 그런 게 없어지더란다. 기술자들이 그저 돈 버는 데만 집중할 뿐 옷을 잘 만드는 데에는 별 관심이 없어졌다는 말이다.

'양복 장인', 혹은 '양복장이'들의 대변인

스무 살에 양복업계에 발을 들인 뒤로 57년이 흘렀다. 김의곤 씨의 나이가 올해로 77세. 현역으로선 엄청난 원로급이다. 나이 들수록 테일러라는 직업이 참 좋다는 사실을 인정하게 된다는 그는 사실 양복업계에서 옷 잘 만드는 것만큼이나 중요한 일을 해왔다. 바로 양복업계의 발전과 그 종사자들을 위한 일이다. 1971년부터 노동계에 몸담아온 그는 1994년부터 2010년 아카데미 일을 시작하기 바로 전까지 서울복장노동조합의 위원장으로 일했다. 지금도 노동조합의 상임 지도위원이다. 전국섬유유통노동조합연맹 산하 단체인 이 조합 회원은 약 170명. 전국의 양복업자들은 1,000여 명을 헤아린다.

"우리 노동조합이 1948년에 생겼습니다. 일제 강점기 때 양복 기술자들이 하이칼라였지요. 우리 업계를 보면 초대 회장이 다 노동운동가 출신입니다. 선배들의 말을 들어보면 처음에는 업주들이 노동운동을 하라고 막 격려해줬는데 고용주들에게 요구하는 게 늘어나자 탄압을 했다고 하더군요."

양복 기술자들이 일찍부터 단체 행동을 상당히 활발하게 했군요.

"그럼요, 자유당 말기에는 부패한 사회상에 반대해서 파업에 나선 일
도 있습니다. 제일모직이 운영하던 양복점 '장미'의 과도한 영업에 항의
하기도 하고, 1980년대 중반에 기성복인 갤럭시가 나온다고 해서 제일
모직 불매운동을 벌이기도 했지요. 전국섬유유통노동조합연맹 산하 서
울복장노동조합은 1988년에 새롭게 결성됐습니다."

바로 전해인 1987년에 노동자 대투쟁이 있었지요.

"예. 그 흐름을 받아서 1988년 8월에 결성식을 했는데 당시 2,000여 명
의 양복 노동자들이 모였습니다. 노동조합의 단체교섭을 통해 임금 인
상이나 유급 휴일 인정 등 기술자들의 권익을 많이 확보하게 됐으니 양
복업계 발전에 상당히 기여했다고 볼 수 있지요."

그런 과정을 거쳐온 양복산업이 앞으로 다시 도약을 하기 위해서는 무엇이 가장 시급
하다고 보십니까?

"거듭 말하지만 우리 기술은 결코 떨어지지 않습니다. 다만 마케팅 능
력이 뒤떨어져 있어서 문제인데, 그래도 눈썰미가 뛰어나고 솜씨가 있
으니까 얼마든지 성장할 수 있어요. 1960년대 초에 기술 이민 갈 때 남
미에 병아리 감별사로 많이 갔잖아요. 한국인의 손이 감별하는 데 제일
잘 맞는다고 해서 그랬지요. 세계적인 명품 옷, 그 정도는 우리도 못 만
드는 게 아닌데, 우리도 그런 능력이 있는데, 우리 것을 인정하지 않고
브랜드만 최고로 쳐주니 그게 안타깝지요. 양복업계도 내수가 뒷받침이

"세계적인 명품 옷, 그 정도는 우리도 못 만드는 게 아닌데,
우리도 그런 능력이 있는데, 우리 것을 인정하지 않고
브랜드만 최고로 쳐주니 그게 안타깝지요."

테일러아카데미에서는 깔끔한 정장 차림의 멋진 청년들이,
무척이나 세련된 모습의 젊은이들이, 열심히 양복을 만들고 있었다.
일하는 모습은 제각각이지만 작업장 안은
'최고의 테일러'를 향한 열기로 가득 차 있었다.

돼야 세계로 나갈 수 있는데 말입니다."

피치라인옴므를 통해서 새로운 시도를 하고 있다고 들었습니다.

"이탈리아 맞춤 정장 '델리카시'와 기술제휴를 맺었어요. 오바마, 클린턴, 존 케리 같은 세계 정상급 인사들의 양복을 만드는 회사인데, 그곳과 계약을 맺어 '델리카시코리아'라는 상표로 옷을 만들고 있습니다. 백화점 등을 통해 상류층 고객들에게 우리 제품을 선보이고 맞춤으로 이끌 수 있도록 마케팅도 열심히 할 계획입니다."

그렇다면 더 많은 젊은 세대들이 양복에 도전해봐도 좋을까요?

"옷은 제2의 피부입니다. 그리고 남자라면 누구든 좋은 양복 한 벌쯤 갖고 싶은 마음이 있어요. 이런 수요가 앞으로 더 늘어날 전망이니 기술자들도 더 많이 필요합니다. 그동안 별 관심을 보이지 않고 방치된 분야라서 현재로서는 경쟁자가 없어요. 얼마든지 활동 영역이 넓습니다!"

인터뷰를 마치고 김의곤 씨는 테일러아카데미를 소개해주겠다고 했다. 바로 옆방에 있는 아카데미로 들어서는 순간, 우리 일행은 모두 입을 다물지 못했다. 마치 이탈리아 어느 명품 양복점의 작업장에 들어선 듯한 멋진 광경 때문이었다. 깔끔한 정장 차림의 멋진 청년들이, 무척이나 세련된 모습의 젊은이들이, 열심히 양복을 만들고 있었다.

미싱 앞에서 바지에 박음질을 하는 청년, 둥글게 패턴 뜬 천에 손바느질을 하는 청년, 가위로 재단을 막 시작하려는 청년……. 일하는 모습은 제각각이지만 작업장 안은 '최고의 테일러'를 향한 열기로 가득 차 있었다. 그들 중 제대한 지 한 달이 채 안 되었다는 청년 이종석 씨에게 왜 양복을 만드는지 물어보았다. 미싱 앞에 앉은 채 청년이 말했다.

"저는 양복 만드는 일을 꼭 잘하고 싶습니다. 판매업과 생산업은 다르다고 생각합니다. 생산업은 가슴 뿌듯한 게 있거든요. 물론 힘든 점도 있지만요. 저는 돈을 많이 벌 수 없어도 상관없습니다. 정말 가슴 뿌듯한 일을 하면서 살고 싶어서 이 일을 선택했습니다."

청년의 말을 듣고 있던 김의곤 씨의 얼굴에 미소가 번져나갔다. 자신이 왜 양복 기술자의 길을 지치지도 않고 이렇게 오랫동안 걸어오고 있는지, 그 진짜 이유를 젊은 제자가 아주 분명하게 말해주고 있었다.

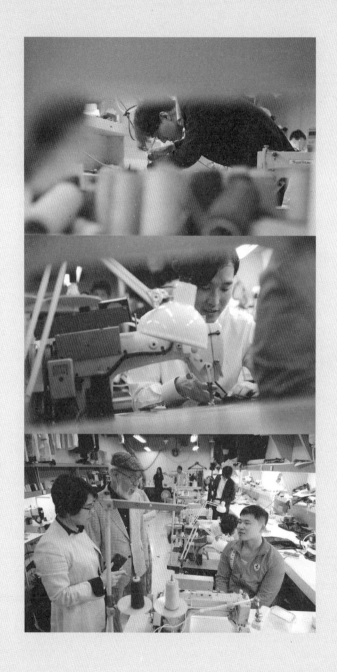

김
종
목

귀금속 장인,
경력 43년

홍콩, 태국에 빼앗긴 귀금속산업,
전문인력 양성으로 되찾을 터

—

1957년	강원도 양양 출생
1973년	상경해서 보석세공 · 감정 학원에 등록하며 보석업계에 입문하다
1981년	미국 애틀랜타 국제기능올림픽에 출전, 동메달 획득
1981년	충무로에 공방 '럭키보석'을 열다
1990년	전국 명장부 기능경기대회에서 금메달 획득, '명장'이 되다
1997년	MJC 보석직업전문학교를 설립하다
현재	(주)MK 보석, 김종목 주얼리 대표로 일하면서 (사)한국귀금속보석단체장협의회 회장, (재)서울주얼리진흥재단 이사장 등으로 활동 중

대한민국 보석의 메카는 종로3가다. 이곳에는 무려 3,000여 개의 보석상이 자리 잡고 있다. 결혼이나 돌잔치, 인생에서 기쁜 일을 맞은 이들은 누구나 찾아오는 곳이다. 소박하게는 금이나 은, 혹은 빛나는 다이아몬드나 색색깔의 보석으로 가장 행복한 시간을 기념하는 징표를 마련하기 위해서다.

오전 10시경, 이제 서서히 하루를 시작하고 있는 보석상가를 지나 MJC 보석직업전문학교를 찾아갔다. 그 옛날 유명했던 피카디리극장이 있던 자리에 이제는 롯데시네마가 들어서 있다. 그 건물 8층에 자리 잡은 MJC 보석직업전문학교에서 이곳의 설립자이자 이사장인 김종목 명장을 만났다.

복도를 사이에 둔 강의실 이곳저곳에서는 이미 수업이 시작된 듯 강의에 열중하고 있는 학생들의 모습이 보였다. 검소한 이사장의 사무실과 차분한 학교 분위기로 보아 이 학교가 추구하는 바가 어떤 것일지 어렵지 않게 짐작할 수 있었다. 학교소개 책자에 이사장 인사말이 이렇게 적혀 있다. '적성에 맞는 전문 직업을 선택하고 필사의 노력으로 한 우물을 판다면 분명 기적의 열매를 딸 수 있을 것'이라고. 대한민국 귀금속 명장 김종목 씨는 자신의 체험을 그대로 후학들에게 말하고 있는 것 같다.

그는 보석업계에서 나름 성공했다는 자신감이 들었을 때 곧바로 학교를 설립했다고 한다. 보석산업에서 교육이 얼마나 중요한가를 일찍이 몸으로 깨달았기 때문이다.

한때 범죄자 취급도 받았지만 보석에 푹 빠지다

—

보석 장인으로 40여 년을 걸어온 그에게 시작이 어떠했는지 물어보았다. 강원도 양양이 고향인 그는 서울에 처음 올라왔던 1970년대 시절을 기억에 떠올린다.

"서울로 올라와서 무슨 일을 할까 생각해봤지요. 그때 서울 시내에 지하철 공사가 한창이었어요. 중장비 기술자가 될까, 병아리 감별사가 될까, 이런저런 일을 알아보다가 '보석세공·감정 학원'이 눈에 띄더군요. 상담을 받아보고 바로 등록을 했습니다. 어려서부터 손으로 뭔가 만드는 데는 재주가 있었고, 그쪽으로 취미도 있어서 일단 공부부터 해봐야겠다 싶었지요."

당시만 해도 일을 배우기 위해서 학원에 다닌다는 생각을 하기가 쉽지 않았을 텐데요. 모름지기 일이란 현장에서 잔심부름하면서 배우는 거라는 인식이 보편적이었을 때 아닌가요?

"지금 생각해도 어떻게 선뜻 그런 결정을 했는지 모르겠어요. 한 달 수강료가 자그마치 2만 원이었거든요. 당시 현장에서 월급으로 2,000원을 줄 때였는데 말이지요. 6개월 코스를 마치는 데 12만 원이 들었어요. 한 푼도 안 쓰고 6년을 모아야 할 만큼 큰돈이었지요. 아무튼 보석 학원이래야 서울 시내 통틀어서 고작 한두 개였는데, 학원에 가보니 수강생들이 전부 어른이었습니다. 이직을 하거나 기술 이민을 가려고 공부하는

MJC 보석직업전문학교 강의실 이곳저곳에서는
이미 수업이 시작된 듯
강의에 열중하고 있는 학생들의 모습이 보였다.

이들이었지요."

수강료가 비싼 만큼 값어치가 있던가요?

"학원에서 기본적인 이론과 지식을 배우고 나니 기초가 튼튼해졌지요. 현장에서도 응용력이 생겨 일할 수 있는 폭이 더 넓었습니다. 사실 학원 다녔다고 인정해주는 분위기는 아니었어요. 다 같이 견습생으로 일을 시작했는데, 다만 저는 저녁에 혼자 남아서 연습을 할 수 있었지요. 그래서 기술을 더 빨리 익힐 수 있게 됐고요."

그때 금은세공 공방의 환경은 어땠습니까?

"휘황찬란한 보석 가게의 진열장과는 대조적으로 작업 현장에는 전등불도 귀했고 수돗물은 더 귀했습니다. 기술자들이 일하다가 손 씻을 물이 없어 남의 건물에서 몰래 물을 길어 와야 했지요. 현장 조건만 나쁜 게 아니었습니다. 그때는 보석 만지는 일 자체가 불법이었거든요. 보석은 모두 '밀수'로 취급됐지요. 세관에서 나온다고 하면 불을 끈 채 숨죽이고 숨어 있어야 했습니다. 현장에 들이닥친 세관 공무원들은 세공사들에게 '손들어!' 하고 소리치고는 작업 중이던 보석이나 금가루를 싹 쓸어 가져가버리곤 했어요."

비싼 돈 들여 학원까지 다녔는데 범죄자 취급을 받아가며 일해야 한다는 데 회의가 들지는 않던가요?

"왜 안 그랬겠습니까. 큰 뜻을 품고 시작했지만 그런 분위기 때문에 시작한 지 일주일 만에 그만두려고도 했었지요. 차라리 고향 가서 농사짓는 게 더 나을 것 같더군요. 그런데 주변에서 한 달만 버텨보라고 말리

03 만든 이의 숨결이 배어 있는 기술은 100년을 간다

"휘황찬란한 보석 가게의 진열장과는 대조적으로
작업 현장에는 전등불도 귀했고 수돗물은 더 귀했습니다.
현장 조건만 나쁜 게 아니었습니다.
그때는 보석 만지는 일 자체가 불법이었거든요."

는 바람에……."

그 한 달이 40년을 훌쩍 넘는 시간이 됐군요.

"밤낮없이 연습하고 일하는데 어느새 다른 것은 상관 안 하게 되더라고요. 그래서 평생 직업이 된 거지요. 온갖 심부름과 허드렛일에 폴리싱도 하고 그랬는데 다 재미있었어요. 디자인 그림을 그려가며 내가 만들고 싶은 것을 만들어보는 게 참 신났습니다."

처음 일하신 공방은 어떤 곳이었습니까?

"보석 디자인과 세공을 주로 하던, 규모가 꽤 큰 곳이었습니다. 직원이 20명 정도나 됐으니까요."

그 20명 중에서도 손재주가 단연 뛰어난 직원이셨겠지요?

"글쎄요, 재주가 뛰어났다기보다는 노력을 많이 한 직원이었던 것 같습니다. 주말, 휴일 가릴 것 없이 가장 먼저 작업장에 나와서 가장 늦게 퇴근했으니까요. 원래는 공방에 맨 먼저 나오는 사람이 사장님이었는데 그 사장님을 제가 기다렸지요. 3개월 지나니까 공방 열쇠를 주시더군요. 성실하다고 인정해주신 것 같아 더 열심히 일했습니다."

대한민국 귀금속 명장,
보석산업의 미래 인재들을 키우다
—

오로지 앞만 바라보며 성실하게 일했으니 보석 가공기술을 겨루는 국제 대회에 출전하게 된 것은 자연스러운 순서였을 것이다.

"일을 시작한 지 4년 만인 1981년, 미국 애틀랜타에서 열리는 국제기능올림픽에 출전했습니다. 그때 한국 선수단이 일본을 누르고 종합 우승 4연패를 달성하고 돌아왔지요. 일본을 상대로 거둔 우승이라 그랬는지 국민적인 환영을 받았습니다."

지금도 그때의 기억이 생생하실 것 같습니다.

"김포공항에서 광화문까지 카퍼레이드를 했는데 하루 종일 다녔어요. 우리 선수단이 전부 31명이었는데 얼마나 대접을 받았는지요! 다들 인터뷰 다니고 무슨무슨 만찬에 참석하고 하느라 한 달 동안 해단식을 못 했을 정도였습니다."

국제 대회까지 다녀오셨으니 이후로는 일이 잘 풀리셨겠군요.

"운 좋게 바로 '럭키보석'이라는 상호를 내걸고 충무로에 공방을 열 수 있었습니다. 당시가 우리나라 보석산업의 피크였지요. 명동 롯데백화점 일대에 다이아몬드 보석상들이 몰려 있었는데, 그 다이아몬드 거리에서 '김종목' 하면 성실하고 기술 좋고 믿을 만하다는 보증수표로 통했습니다. 그러다 보니 저에게 보석을 사고 세공을 맡기려는 고객들이 늘어나

"명장 중에서도 제가 '고참 명장'입니다.
현재 전 부분에 걸쳐 대한민국 명장이 500명이 넘는데
그중에서 25번째고, 보석 부문에서는 세 번째 명장이니까요."

면서 밤새 일해야 겨우 주문에 맞출 수 있는 즐거운 날들을 보냈지요."

30대 중반에 이미 탄탄한 기반을 잡은 보석 사업가가 되셨군요. 그러다가 1990년에 명장 타이틀을 얻으셨지요?

"명장 중에서도 제가 '고참 명장'입니다. 현재 전 부분에 걸쳐 대한민국 명장이 500명이 넘는데 그중에서 25번째고, 보석 부문에서는 세 번째 명장이니까요. 1990년에는 명장 선발 기준이 지금과는 달랐습니다. 지역 대회, 전국 대회를 다 거쳐서 명장을 선발했지요."

선생님에게 '보석 명장'이라는 타이틀은 어떤 의미입니까?

"1981년 세계 대회에서 동메달에 그친 게 늘 마음에 걸렸습니다. 금메달을 예상했는데 못 받아서 실망이 컸지요. 하지만 그 좌절로 배운 게 많았어요. 그때 일등 했으면 안하무인이 됐을지도 모릅니다. 늘 승승장구만 하다가 나보다 더 잘하는 사람이 있다는 걸 인정해야 했거든요."

'MJC(Maestro Jewelry College) 보석직업전문학교'를 설립한 해는 1997년. 제대로 교육받은 인력들이 보석산업에서 가장 중요한 자원이 될 것임을 그는 자신의 체험을 통해 확신하고 있었다. 그래서 좋은 교육기관 하나 만들어보자는 소신으로 자신의 재산과 시간과 정열을 쏟아 부었다. 노동부에서 직업 전문학교로 승인받기까지는 조건이나 절차가 무척 까다로웠다. 몇 단계를 거쳐 이제는 교육부로부터 학점을 인정받는 직업 교육기관으로서 2년제, 4년제 학사를 낼 수 있게 되었다. 현재 학생 수 200~300명 규모로 그동안 배출한 인원은 5,000여 명을 헤아린다.

그는 이곳이 보석만 다루는 단일 학과로서 시설이나 규모 면에서 세계 유일의 교육기관이고, 국내 어느 대학보다 시설이 좋다고 자신했다. 해외에도 많이 알려져서 얼마 전 프랑스에서 온 학생이 세공을 배우고 가기도 했고, 중국 베이징대학과 MOU(양해각서)를 체결했으며, 나이지리아에 분교를 낼 계획도 있다. 특히 졸업생 중에 국제 대회에서 금메달을 수상한 학생들을 이야기할 때는 그의 표정에 자부심이 가득했다 (2007년 일본 국제기능올림픽대회에서 강가람 선수가 금메달을 수상했고, 2004년 인도 장애인국제기능올림픽대회에서 이근규 선수가 금메달을 수상했다).

보석산업이 양성화되면
엄청난 부가가치 창출할 것
—

현재 그는 학교 운영과는 별도로 주얼리숍을 운영하고 있다. 서울 강남의 '금싸라기 땅'에서 세계 명품들과 견주어도 손색이 없는 'MK 보석'을 판매하고 있다. 그리고 2014년 초부터 한국귀금속보석단체장협의회 회장을 맡아 보석업계에 새로운 기운을 불어넣고자 동분서주하는 중이다. 원자재, 제조, 디자인, 유통, 평가, 감정 등 보석업계 전체 분야를 아우르는 총 18개 단체를 묶은 조직을 대표하여 그는 보석업계의 목소리를 내기 시작했다.

사실 취임하면서부터 김종목 씨는 사뭇 색다른 행보를 보이고 있다.

역대 회장들은 주로 호텔에서 하던 취임식을 자신의 학교에서 치르고, 취임 후 첫 행사를 국세청 세무 교육을 받는 것으로 시작했다. 그리고 '주얼리산업 양성화 추진 공청회'를 열고, 기획재정부 세제실을 찾아 주얼리산업 현황을 설명하고 세금을 성실히 내겠다고 다짐하는가 하면 동료 보석상들에게는 부가가치세 성실 납부를 독려하고 나섰다. 주변 사람들은 의아해하지만 그는 이렇게 하지 않을 수 없기에 나섰다고 한다. '가만있다가는 보석산업이 죽게 생겼기 때문'이라는 것이다. 그가 국내 보석업계의 현 상황을 열정적으로 설명하기 시작했다.

"지금 우리 보석산업의 가장 큰 문제는 고용창출 효과나 부가가치가 높은 이 산업을 정책 당국자들이 산업으로 인식하지 못한다는 데 있습니다. 우리나라 귀금석·보석 시장의 규모는 5조 1,000억 원을 웃돌아 세계 10위권 안에 들 정도로 규모가 큽니다. 이 분야와 관련된 실제 종사자들의 수도 20만 명은 족히 넘고요. 게다가 우리 기술력은 세계적으로 이미 알려져 있습니다!"

기록을 찾아보니 최근까지도 기능올림픽 귀금속 부문에서 4연패를 달성(2007~2013년) 했고, 종합 우승이 통산 18회에 이르더군요. 우리 기술력이 세계적으로 인정받고 있는 것은 분명하지만, 기술과 상품력은 조금 차이가 있을 것 같은데요.

"지금 우리 액세서리가 세계에서 최고 아닙니까? 우리나라 제품도 아주 우수합니다. 귀금속 부문에 명품이 없다뿐이지, 기술력이 없다는 말은 아닙니다. 액세서리는 소재가 금속이기 때문에 비용 부담이 적습니다. 그래서 기술력으로 단번에 세계를 석권할 수 있게 된 거지요. 지금 중국에서 잘 만든다 해도 품질이나 부가가치는 우리가 최고라고 세계에서 인정해줍니다. 액세서리 만드는 그 기술력에 소재만 귀금속으로 바꾸면 보석에서 세계적인 명품이 왜 안 나오겠습니까?"

액세서리는 최고지만 보석 쪽은 아직 아니라는 말씀이군요.

"지금 보석산업이 발전은커녕 쇠퇴일로에 있습니다. 그동안 우리 보석업자들이 저마다 개인의 힘으로 투자하고 몇십 년 발전시켜서 세계 최고의 기술력을 가지게 됐어요. 지금껏 이룬 것을 국가 투자로 했다면 얼마나 큰돈이 들었을지 모릅니다. 그렇다고 저희가 국가한테 물질적 지원을 요구하는 것이 아닙니다. 단지 법령을 풀어달라는 말입니다. 개별소비세가 지금 가장 큰 장애입니다. 무조건 없애야 합니다. 그러면 우리가 스스로 발전할 수 있습니다!"

선생님이 생각하시는 보석산업의 발전 해법은 무엇입니까?

"보석산업을 양성화시켜야 합니다. 그렇게 하려면 개별소비세를 없애야 한다는 말입니다. 그전에 대기업이 보석산업에 진출했다가 다 문 닫았습니다. 세금 때문에 가격 경쟁이 안 되니까 떠났던 것이지요. 그동안 해외 업체에서도 우리나라에 투자했다가 승산이 없으니 다들 가버렸습니다."

정부가 1976년부터 보석을 사치 품목으로 규정하고 유류, 골프장, 카지노, 주류에 부과하는 특별소비세 혹은 개별소비세를 부과해왔는데, 이 세제가 보석산업의 발전을 가로막고 있다는 건가요?

"그렇습니다! 예를 들어 보석을 사려는 소비자에게 '세금 36퍼센트(부

03 만든 이의 숨결이 배어 있는 기술은 100년을 간다

가가치세 10퍼센트, 개별소비세 26퍼센트) 내고 살래, 세금 없이 싸게 살래?' 하면 누가 돈을 더 내고 사려 하겠습니까? 그러니 무자료 보석 거래가 음성적으로 이뤄질 수밖에 없지요. 그 결과 개소세는 물론이고 부가세도 제대로 징수하지 못하게 되고요. 보석은 어차피 통제가 안 되는 품목입니다. 보석도 옷이나 다른 일반 상품처럼 누구든 부가세 10퍼센트만 내고 자유롭게 살 수 있게 해야 합니다. 보석이라고 해서 세금을 많이 붙이면 시장이 커나갈 수 없습니다."

결국 개별소비세가 실질적인 효력을 발휘하지 못하고 있다는 말씀이지요?

"갤럽 조사로는 우리 보석시장 규모가 5조 2,000억 원이라고 하는데 업계에서는 실질적으로 10조 이상 보고 있습니다. 통계상 5조면 부가세가 5,000억이 생겨야 하는데 지금 1,200억밖에 못 거두고 있어요. 겨우 20퍼센트 남짓이지요. 지금 국세청에서 거두는 개소세는 50억밖에 안 되고 나머지는 다 뒷거래입니다. 그런데 국내에서만 뒷거래를 하는 게 아니라 외국 나가서 사 옵니다. 국내에서 사는 게 눈치 보이니까요. 반지 사서 끼고 오면 소리도 안 나니 발견할 수도 없고, 밀수를 막지도 못하고 있는 실정 아닙니까?"

오히려 개별소비세가 보석산업의 음성화를 부추긴 셈이군요.

"그렇지요. 이럴 바에야 오픈해서 산업을 활성화시키고, 고용도 창출하고, 보석산업을 기간산업으로 키우는 게 훨씬 낫습니다. 불법 거래를 막지도 못하고, 음성 거래만 키우고, 세금도 못 걷고 있으니까요. 애들이 먹는 과자에도 다 부가가치세를 매기면서 정작 몇천만, 몇억짜리 물

"지금 우리 보석산업의 가장 큰 문제는
고용창출 효과나 부가가치가 높은 이 산업을
정책 당국자들이 산업으로 인식하지 못한다는 데 있습니다."

건을 사는 사람들에게 세금을 한 푼도 못 거둔다는 게 말이 안 되지 않습니까?"

그래도 워낙 고가인 만큼 보석에 붙는 개별소비세는 합리적인 세금이라고 생각하는 사람들이 많을 것 같은데요.

"부자들에게 받는 세금을 왜 없애느냐, 비싼 보석에 무는 세금을 왜 없애야 하느냐고들 하는데 얼핏 들으면 맞습니다. 그 세금을 제대로 거두고 있다면 법을 없애면 안 되지요! 하지만 실제로는 대부분 음성 거래로 이뤄지고 있기 때문에 유명무실한 법제도입니다."

개별소비세를 없앰으로써 얻을 수 있는 다른 이득은 뭘까요?

"고용창출 효과도 커집니다. 현재 관련 종사자가 실제로 20만 명 정도인데 통계로는 겨우 3만 명으로 나옵니다. 음성 거래로 산업 규모를 줄였으니 업체들이 직원 신고를 안 할 수밖에요. 매출 매입이 안 맞으니까요. 그런데 거래를 양성화하면 최소 6만 명은 우리 업계 종사자로 등록됩니다. 공식 실업률도 내려가게 되겠지요."

보석산업의 고용 여력은 충분한 편입니까?

"우리나라 전체 대학에 보석학과가 있는 학교가 80개 정도 됩니다. 직업 전문학교, 사설 교육기관까지 합하면 100개가 넘어요. 1년에 3,000명 졸업생이 나오는데 그 학과가 존재한다는 것은 고용이 된다는 얘깁니다. 실제 일을 하고 있다고 보는 것이지요. 실제 산업은 존재하는데 수치는 안 잡히고, 세금도 못 거두고 있는 것입니다."

각종 세제에 발목 잡힌 사이,
태국과 홍콩이 우리 일 다 가져가

—

김종목 씨는 개별소비세가 없어져야 보석산업이 발전할 수 있고, 더 나아가 국가경제 발전에 기여할 수 있을 것이라고 누누이 강조한다.

"지금 보석에 개소세를 부과하는 나라는 OECD 국가 중에서 한국과 중국밖에 없습니다. 이런 세제는 또 해외 주얼리 제조업체들이나 바이어들이 한국과의 비즈니스에 별 매력을 느끼지 못하게 만드는 장벽으로 작용하기도 합니다."

태국을 비롯한 아시아 국가들은 보석산업이 급성장 중이라고 알고 있습니다.

"우리 보석산업이 개소세에 묶여 있는 동안 이웃의 다른 나라들이 '우리 일'을 다 가져가버렸어요. 태국의 경우 1983년에 작은 규모로 시작했지만 벌써 국가 3대 산업이 될 만큼 큰 규모로 발전시켰지요. 태국의 보석산업 종사자가 200만 명이나 됩니다. 지금 유럽의 유명 보석회사들이 태국에서 세팅을 해 가고 있어요. 그런데 그 일이 원래는 우리가 해야 할 일이거든요! 기술력으로 보더라도 우리나라가 훨씬 낫습니다. 태국은 기능올림픽에 나오지도 않아요. 그런데 태국 수상이 선출되면 제일 먼저 인사하는 사람이 보석협회 회장이라니까요."

홍콩도 보석산업의 강국이지요?

"1990년대 중반에 시작해서 20년이 지난 지금은 국가 10대 산업에 든다고 하더군요. 1년에 네 번이나 열리는 홍콩보석전시회는 세계에서 가장 큰 쇼로 꼽힙니다. 50여 개 나라가 참가하는데, 보석업체들에게 부스 대여로 벌어들이는 수입이 4,000억 원이 넘어요. 그런 쇼에 물론 우리 업체들도 참석합니다. 나갈 때마다 업체당 1억 원이 듭니다. 우리로서는 이중으로 손해지요. 우리 기술력으로 얼마든지 국내에서 바이어 상담할 수 있는데 굳이 외국 나가서 해야 하고, 더구나 외국인들이 국내에 들어와서 쓸 경비까지 생각하면 정말 아깝습니다."

우리는 정작 태국이나 홍콩보다 빠른 40년 전에 시작했지만, 그동안 정부에서 관심을 기울이지 않은 탓에 발전의 기회를 놓친 셈이군요.

"그렇지요. 해외 다른 나라들과의 경쟁에서 우리가 질 이유가 하나도 없습니다. 귀금속은 중국이 우리나라 못 따라온다니까요. 우리에게는 좋은 기술력이 있고, 뛰어난 디자인이 있고, 성실한 인력이 있습니다. 지금 우리 기술자들이 외국에 많이 나가서 일하고 있습니다. 외화를 벌어들이고 있지만 기술 유출이라는 안타까운 측면도 있지요. 아무튼 전 세계 세공 기술을 우리가 선도하고 있다고 보면 됩니다."

부가가치를 높이는 차원에서 주얼리를 토털 패션으로 묶어서 생각해보면 어떨까요?

"저도 앞으로는 패션 제품을 전체로 엮어서 융합해야 한다고 생각합니다. 소비자들도 그냥 옷을 입는 것과 주얼리를 곁들일 때의 차이를 잘 알고 있다고 보거든요. 의상과 주얼리의 시너지 효과라고 할까요. 거기에 구두, 가방을 함께 매치할 수 있도록 하면 더욱 좋지 않을까요? 이제 우리나라 제품도 고가품으로 경쟁해야 해요. 차별화된 제품으로 외국인

"해외 다른 나라들과의 경쟁에서 우리가 질 이유가 하나도 없습니다.
우리에게는 좋은 기술력이 있고,
뛰어난 디자인이 있고, 성실한 인력이 있습니다."

들이 자연스럽게 '메이드인 코리아'에 매력을 느낄 수 있게 해야 한다고 봅니다."

　김종목 씨는 보석산업이야말로 미래 창조산업으로 손색이 없다고 강조한다. 우리 보석시장 양성화는 국제 경쟁력 강화로 이어지고, 한국의 주얼리가 전 세계로 나가는 제2의 한류 제품이 될 수 있다고 확신한다고도 했다. 또한 보석산업은 아무리 기계가 발전해도 전체 공정의 절반이 사람의 손이 들어가야 하는 업종이다. 산업이 발전할수록 자연스럽게 고용도 늘어나게 된다. 미래를 생각하는 최고의 복지는 고용이 아니냐고 그가 되묻는다.

　이 직업이 대를 이어서 물려줄 수 있는 것이라고 보느냐는 질문에 김종목 씨는 자신의 아들이 이 일을 열심히 배우는 중이라고 대답했다. 그리고 우리 산업의 발전을 위해서는 대를 이어갈 환경을 만들어야 한다는 소신을 밝혔다. 지금까지 보석업계에서는 일 자체에 대한 자부심이 없어서 그 맥이 이어지지 못했지만, 그는 자신의 직업을 자랑스럽게 물려줄 생각이라고 덧붙였다. 대한민국 귀금속 명장의 얼굴에서 보석산업에 대한 애정과 자부심이 순도 100퍼센트의 금처럼 단단하게 빛나고 있었다.

나도 '메이드인 코리아'를 달아서
세상에 내놓고 싶다
고미화(제이패션 대표)

나는 올해로 15년째(2013년 현재) 덧신 제조업체 제이패션을 운영하고 있다. 처음에는 발목 스타킹에 레이스를 다는 임가공업으로 성공했지만 중국에서 우리 것을 본떠서 만드는 바람에 시장을 잃었다. 그 뒤로 2년 동안 수영복을 만들었으나 실패를 겪고, 이후 덧신 주문을 받아 일하던 중 아이디어가 떠올라 만든 제품이 소위 '대박'을 쳤다. 정신 못 차릴 정도로 일이 늘어나면서 전북 익산 지역 주변에 일감을 나눠주는 방식으로 생산했다.

처음에는 익산에서 소규모로 하다가 생산 능력을 맞출 수가 없어서 개성공단에 들어갔다. 그러나 남북관계 악화로 개성공단이 막히는 바람에 베트남으로 나갔다. 2012년에 진출해서 1년 만에 공장 인력이 500명으로 늘었다. 이제 한 달 생산 능력이 150만 켤레에 이른다. 제이패션 베트남 공장은 호치민 시에서 한 시간 반 들어간 곳에 있다. 기술학교를 임대받아 운영하다가 얼마 전에 건물을 새로 지었다. 공장 매매와 소유에 필요한 까다로운 서류 작업이 진행 중이지만 전망은 낙관적이다. 베트남 공장은 덧신 제조에 관한 시설 투자와 기술 이전을 제이패션이 전적으로 지원해주고, 현지 생산 단가에서 얼마씩 받는 방식으로 운영하고 있다.

디자인과 제품 개발 없이는 세계 최고 유지할 수 없어

현재 전국의 대형 마트나 백화점에 나가는 덧신은 전부 우리가 만드는 것이라고 해도 과언이 아니다. 유명 스타킹 회사의 덧신 제품도 전부 제이패션에서 생산한 것들이다. 가장자리 부분에 봉제가 하나도 들어가지 않고 전부 실리콘으로 처리해서 절대로 벗겨지지 않고 발이 아프지도 않은 덧신은 우리가 처음 만들었다. 10년 동안 그 덧신으로 승승장구했고 평생 이것만 해도 먹고살 줄 알았지만 중국에서 따라 하니 경쟁력이 떨어졌다. 특허등록을 해야 하는데 의장등록만 한 것이 실수였다(물론 요즘은 꼭 특허등록을 한다).

모양만 다르게 해서는 아무나 따라 하는 것을 막을 수 없다. 그래서 이대로 가면 안 되겠다 싶어 2년간 디자인 개발을 했다. 이번에 개발한 덧신은 전체가 실리콘인데 얼마나 편한지 한번 신으면 절대 못 벗는다. 요즘은 스니커즈를 신을 때 덧신이 필수처럼 인식되다 보니 수요가 많다. 올해 50만 켤레를 만들었는데 내놓는 족족 동이 났다. 이번에 처음 진출한 일본 매장에서도 품절이 돼서 내년 3월까지 100만 켤레를 주문했다.

나는 디자인과 제품 개발에 많은 신경을 쓰는 편이다. 소재, 원단, 부자재, 디자인, 어느 것 하나 소홀히 할 수가 없다. 원단이 나쁘면 소비자들은 바로 알아차린다. 최근에는 한지에 스판덱스를 넣어 만든 제품도 개발했다. 덧신의 원단과 부자재를 제품도 좋고 가격도 좋은 것으로 만들자면 발품을 많이 팔아야 한다. 원단은 국내 시장에서 찾으려고 노력하지만, 부자재는 중국 것과 접목해야 하기 때문에 중국 시장에도 자주 나간다.

우리 단가를 중국의 단가에 어느 정도는 맞출 수 있어야 한다. 물론 아직은 우리도 가격 경쟁력이 있다. 그래서 일본에서도 우리 쪽으로 오는 것이다. 그것 말고도 더 노력할 부분이 많지만 무엇보다 우리 제품이 아니면 안 되게끔 하는 것이 중요하다. 큰 시장인 일본 시장을 뚫었지만, 나는 거기에 안주하지 않고 중국, 베트남, 일본 등을 자주 나가서 시장의 흐름이나 제품 반응을 살핀다. 해외를 내 집 드나들듯이 하자면 몸이 힘들기도 하지만 피곤해할 겨를이 없다. 우리가 세계 최고라고 해서 가만히 앉아 있으면 안 되기 때문이다.

현재 국내 익산 공장에서는 견본만 만든다. 15명의 직원이 매달려서 거의 매일 견본을 만들어 거래처로 보내고 주문을 받는 시스템이다. 다행히 견본을 보내는 대로 주문이 곧바로 들어온다. 디자인이나 품질이 그만큼 알차다는 것을 알아주기 때문일 것이다. 나날이 주문 물량이 기하급수적으로 늘고 있다. 덧신은 내가 찾아낸, 귀한 틈새시장이다.

봉제산업은 일자리 창출에 가장 효과적인 산업

지금은 베트남에서 덧신을 만들지만 한때는 익산이 제이패션의 본산지였다. 나는 덧신 제조인력이 모두 동네 주민이었던 그 시절을 잊지 못한다. 아파트 단지를 잡아서 한 동에 사는 주민들에게 일거리를 맡겼다. 층마다 종류별로 일을 나눠주는 분업 시스템으로 30명가량의 인원이 동원되었는데 생산성이 아주 높았다. 스타킹 만드는 일을 주면 한 층에서 오버로크(자른 원단의 올이 풀리지 않게 끝부분을 바느질하는 작업)하는 사람, 실밥 뜯는 사람이 정해졌다. 다들 집에서 작업을 하니 따로 장소가 필요 없었다.

하루에 몇천 개의 제품이 나왔다. 보통 한 사람당 하루에 7~8만 원, 많은 경우 10만 원 벌이가 되었다. 내 친구 중에는 덧신 한 장에 25원씩 받고 3,000~4,000장을 박음질하며 10년간 일한 이도 있다. 그렇게 일해서 딸을 교사로 키웠다고 한다. 그 당시 덧신 제조에 동원된 인력이 200명이 넘었고, 내가 한 달에 지출하는 인건비가 1억 5,000만 원을 상회할 정도였다. 하지만 층간 소음으로 인한 민원 때문에 더 이상 아파트 분업 시스템을 유지하기가 어려워지면서 개성공단으로 이전했고, 개성공단 가동이 멈추면서 베트남으로 나갈 수밖에 없게 되었다.

그러나 여전히 국내 생산이 되었으면 하는 바람이 간절하다. 비슷한 규모의 사업장들이 대부분 인건비를 이유로 해외로 이전하고 있지만, 실제 비용에서는 별 차이가 안 난다. 그래서 조건만 된다면 국내에서 덧신을 만들고 싶다. 그렇다고 정부에 큰 것을 바라는 것은 아니다. 일할 수 있는 여건을 만드는 데 조금이라도 도움이 되어주면 좋겠다. 이를테면 아파트 주변에 주부들이 일할 수 있는 작은 공간을 마련해주는 것이다. 임대료와 전기요금 정도만 지원해주면 우리가 일감은 얼마든지 안정적으로 댈 수 있다.

주부들이 가정에서 아이들을 돌보면서 일할 수 있다면 얼마나 좋겠는가. 사실 출퇴근 시스템은 우리로서도 어렵다. 지금 베트남에서 생산하는데도 덧신 한 켤레당 고작 100원이 남는다. 그런데 4대 보험을 하면 단가가 올라가서 도저히 가격을 맞출 수가 없다. 주부들 역시 4대 보험이 중요한 게 아니라 일이 중요한 것이다. 주부뿐만 아니라 정부에서 지원하는 자활 단체에도 무상 지원보다는 일할 수 있는 여건을 마련해주는 것이 훨씬 효과적이라고 생각한다. 더구나 지방 일자리 창출에 얼마나 효과적인가. 우리나라 봉제업을 살리는 길은 멀리 있지 않다.

그것이 내가 앞으로 해나가고 싶은 일이기도 하다. 봉제 기반 산업이 잘되어야 나라가 발전한다고 믿기 때문이다. 여러 사람이 일을 해야 돈도 분배되고 다 같이 살게 된다. 그래야 나라가 잘되는 것 아닌가. 봉제산업은 그 특성상 사람을 많이 필요로 하기 때문에 일자리가 많이 늘어날 수 있는 가장 좋은 산업이다. 물론 우리 같은 경우는 규모가 작다. 그러나 정부가 일터를 제공해주면 일거리는 얼마든지 제공할 수 있다. 그리고 한 달 벌이가 가능하게끔 생산 단가를 맞출 수 있다. 일하고 싶어 하는 주부들은 아이들 돌보면서 일할 수 있어 좋고, 익산은 지역 일자리를 창출할 수 있으니 좋고, 제이패션은 메이드인 코리아 제품을 만들 수 있으니 모두가 좋은 일 아닌가. 이런 방법이 활성화되면 아직도 우리나라에 인력은 충분히 있다는 것이 나의 생각이다.

세상에 덧신을 신기리라, 한국산 덧신을!

제이패션의 운영 철학은 지극히 단순하다. '최선을 다하자!'다. 나는 새벽 4시면 어김없이 일어난다. 새벽 시간에는 주로 새로운 제품의 아이디어를 개발한다. 신제품에 신경 쓸 때에는 6시에 출근해서 밤 12시까지 일할 때가 많다. 이렇게 저렇게 새로운 디자인에 도전하고 있는 나를 직원들이 많이 응원해주고, 저마다 아이디어를 들고 오기도 한다.

제이패션은 휴먼 경영에 뛰어난 기업이라는 소리를 듣는다. 태창에서 같이 일했던 연수 동기 네 명이 제이패션의 창업 동기이자 지금도 함께 일하고 있는 동료들이다. 그중 한 친구는 나와 번갈아 베트남을 오가며 기술과 관리를 맡고 있다. 친구들은 세월이 지나도 여전히 서로를 이름으로 부른다. 친구들이 "미화야!" 하고 부르면 정말 행복하다. 우리 회사는 웬만하면 사람들이 안 나간다. 일 못한다고 내보내지도 않고, 회사에서 먼저 나가라고 한 적도 없다. 물론 누군가 잘되어서 나간다면 말리지 않는다. 그리고 다시 돌아올 때도 받아준다.

익산 공장 직원은 다 합해서 40명 정도다. 해마다 김장철이 되면 돼지고기를 삶아서 다 같이 보쌈을 해 먹는다. 베트남으로 사업을 확장하느라 당분간은 회사 사정이 긴장되지만, 다시 안정이 되면 직원 자녀들의 대학 입학금을 지원해주고 싶다. 내가 집안 사정으로 고등학교도 어렵게 다닌 터라, 입학금 지원은 참 중요하고도 큰 도움이 될 것 같기 때문이다.

내 손은 제품을 개발하느라 늘 굳은살이 박여 있다. 벗겨지지 않는 덧신을 만들기 위해 실리콘 제품을 개발할 때에는 하루 종일 다리미로 접착제를 다려보고 또 해보고 하느라 손을 데기도 했다. 하지만 나에게는 별스럽지 않은 일이다. 내가 제일 편하고 행복한 시간은 일할 때다. 힘들게 일할 때도 나는 늘 행복했다. 어려운 시기가 있어도 한 번도 불행하다고 생각해본 적이 없다. 일하는 게 가장 재미있기 때문이다.

얼마 전 일본 바이어들과 상담하던 중에 "제이패션의 꿈이 무엇이냐"는 질문을 받았다. 나는 "종업원 1만 명이 될 때까지 회사를 키우겠다!"고 대답했다. 그래서 전 세계 사람들에게 우리 덧신을 신기는 것이다. 지금은 주로 여성들이 덧신을 신지만 남자들도 신기 시작하면 수요가 엄청나게 늘어나지 않겠는가. 남녀불문, 전 세계 사람들에게 우리 덧신을, 이왕이면 '메이드인 코리아' 상표를 달아서 신기고 싶다. 그때까지 다른 데 눈 돌리지 않고 덧신, 이 하나에 집중할 것이다.

고미화 대표는......
19세에 '태창 메리야스'에 입사, 1년 만에 연수생으로 선발되어 일본에서 1년 연수 후 15년 근속을 했다. 그 후 독립해서 미싱 석 대 놓고 일을 시작했다. 처음에는 타이즈를 만들다가 그다음에는 그물 스타킹에 레이스를 다는 임가공으로 자리를 잡았다. 제이패션은 덧신, 양말류 및 스타킹 전문 생산업체로 국내 '패션 덧신' 생산 1위를 점유하고 있다. 실용 디자인을 다수 보유하고 있으며, 끊임없이 새로운 디자인을 연구 개발해 이 분야 선두를 지키고 있는 업체다. 자체 브랜드로 '베르누베', 'soksj', '엔젤 제이'가 있다.

미래의
소공인
좌담회

이 길을 선택한 것은 내 기술로,
오래오래 일하고 싶기 때문

(사진 왼쪽부터) 전순옥 의원
이경자(1967년생 | 한국패션봉제아카데미 패션봉제 과정 수료)
현승태(1986년생 | 상동)
박영희(1964년생 | 한국패션봉제아카데미 디자인테크 과정 교육생)
나혜영(1969년생 | 상동)
김용숙(1976년생 | 한국패션봉제아카데미 패션봉제 과정 수료)
서주현(1969년생 | 한국패션봉제아카데미 패턴CAD 과정 수료)

일시 2015년 3월 5일 오후 7시
장소 서울디자인지원센터 4층 한국패션봉제아카데미 회의실

전순옥 미래의 소공인 여러분을 직접 만나게 돼서 참 반갑고, 고맙다. 2013년부터 옷, 가방, 구두, 주얼리, 양복 등을 수십 년 동안 만들어온 장인들을 인터뷰했다. 한 분 한 분이 다 귀한 진주 같은 존재인데도 너무 오랫동안 흙 속에 묻혀 있었다. 사람들이 밟으면 밟는 대로, 별다른 불평도 없이, 그저 먹고살기 위해 열심히만 해온 경우가 대부분이다. 나는 그 흙 속에 묻힌 진주들을 한 알 한 알 찾아내서 꿰어내면 우리가 미처 몰랐던 가치를 지닌 보석으로 만들어낼 수 있다고 믿는다. 그분들과의 인터뷰를 책으로 묶어내겠다고 마음먹은 것도 도시형소공인이 일반 대중들이 생각하는 것처럼 사양산업이 결코 아니며, 우리 장인들이 사회적·정책적 무관심과 방치 속에서도 얼마나 세계적인 기술을 연마해왔는지 알리고 싶었기 때문이다. 그런데 장인들을 만날 때마다 한결같이 걱정하는 것이 있었다. 바로 '다음 세대'가 없다는 것이다. 당신들이 더 이상 일할 수 없는 나이가 되기 전에 기술을 전수해야 하는데, 배우려는 젊은 세대가 없다고들 했다. 나도 젊은 숙련 인력 없이는 이 산업의 미래도 없다는 것을 누구보다 잘 알기 때문에, 그 '미래'를 직접 만나서 확인하고 싶었다. 그래서 이곳 한국패션봉제아카데미에서 현재 교육을 받고 있거나 이미 수료하고 현업에 나가 있는 분들을 모아달라고 부탁했다. 각자 어떻게 이 분야에 관심을 가지고 발을 들이게 됐는지, 어떤 비전을 갖고 있는지, 그런 이야기들을 나눠보고 싶다. 오늘 이 자리는 무슨 100분 토론도 공청회도 아니니, 계모임 오셨다 생각하고 편안하게 이야기해달라.(일동 웃음)

전순옥 그럼 한 명씩 돌아가면서 자기소개를 하자. 먼저 나부터 하겠다. 나는 국회의원 전순옥이다. 이 지역에서 20년 가까이 일을 하다가 1989년에 영국 유학 가서 박사학위 따고, 2001년에 동대문으로 돌아와서 또다시 공장에 시다로 취직했다. 일을 하면서 동대문 일대의 실태 조사를 시작했는데, 공장을 찾아가서 이것저것 물어보면 아주머니들이 미싱을 좍좍 박으면서 대답을 하더라. 바늘에 찔리지도 않고.(웃음) 내가 한석봉 어머니가 따로 없다고 했다. 하루에 13~14시간 일하는데 힘들지 않은가 했더니 그분들은 한결같이 괜찮다고, 기술이 있어서 정말 좋다는 거다. 몸은 안 아프냐고 했더니 또 괜찮다고 한다. 그런데 약은 혈압약, 당뇨약, 두세 가지씩은 먹는다. 그 정도 안 먹는 사람이 어딨냐면서. 2012년에 국회의원이 된 후로 그렇게 고생하면서도 희망을 잃지 않고 일하는 기술자들이 어떻게 하면 더 나은 환경에서 일할 수 있을까, 또 어떻게 하면 그 기술을 세계적인 기술로 성장시킬 수 있을까를 고민해왔고, 그 연장선상에서 여러분을 만나게 됐다.

우리가 이 길에 들어선 이유
—

서주현 나는 34세까지도 내 적성을 몰랐다. 내가 뭘 좋아하는지, 뭘 하고 싶은지, 뭘 하고 살아야 하는지에 대한 생각이 없었던 것 같다. 그러다 우연한 기회에 봉제를 배우게 됐는데, 아, 난 앞으로 이걸 하고 살아야 겠다는 생각이 들었다. 그게 옷을 만드는 일이든, 파는 일이든, 생산하는 일이든……. 그 생각을 하다가 10년 만에야 자리 잡기 시작했다. 사실 결혼한 여성의 한계이기도 하다. 한 군데 몰입하기가 힘들고, 몰입하고 싶어도 길을 잡아주는 곳이 없고, 그러다 보니 배우는 단계에서 그치는 경우가 많다. 그런데 봉제아카데미는 교육생들을 취업시켜주려는 열성과 의지가 있어서 좋은 창구가 되는 것 같다. 2011년에 여기서 패턴 CAD 배우고, 일자리를 알선해줘서 2012년에 생산관리로 취업했다. 만 2년 다니다 현재 다른 곳으로 옮겨서 생산관리를 맡고 있다. 뒤늦게 적성 발견한 사람들도 길을 못 찾아서 포기하는 사람들이 많은데, 나는 다행히 좋은 기회를 만났고, 스스로 운수대통한 케이스라고 생각한다.

전순옥 주로 어떤 품목을 만드나?

서주현 유니폼, 단체복, 군복 등을 전문으로 제작하는 회사다.

전순옥 생산관리가 하는 일을 좀 더 자세히 설명해달라. 생산관리를 하려면 특별한 조건이 있는지도 궁금하다. 이를테면 봉제를 잘 알아야 한다든지…….

서주현 양산되는 옷의 경우 원부자재가 있어야 하고, 생산 공장이 있어야 하고, 공장에 작업 지시를 내려야 하고, 지시대로 되는지 체크해야 하고, 옷이 나오면 제대로 나왔는지 확인해야 하고, 나온 옷을 주문자에게 납품해야 한다. 그 과정을 다 책임지는 것이 생산관리다. 물론 나도 봉제, 패턴, CAD 다 배우긴 했지만 숙련자라고는 할 수 없다. 장인이나 숙련된 기술자들이 시간 투자를 했다면 나는 책으로 공부를 하고, 또 부족한 부분은 멘토를 활용하면서 메워갔다. 내가 생산관리를 할 수 있는 것은 하나하나 숙련되지는 않았지만 전반적인 흐름을 알기 때문이다.

전순옥 그전에는 어떤 일을 했나?

서주현 원래는 대학에서 중문학을 전공했다. 졸업하고 IT 쪽에서 일하다 결혼하면서 일을 그만뒀다.

전순옥 우연히 봉제를 배우게 됐다고 했는데 구체적으로 어떤 계기를 통해서였나?

서주현 방에 커튼을 달고 싶었는데 직접 만들어보면 어떨까 싶어서 배우러 갔다. 내가 워낙 호기심이 많고 관심도 다양해서 한곳에 집중하지 못하는 단점이 있다. 그런데 34세에 재봉틀에 앉았는데 밤 10시가 되고 11시가 되고 12시 돼도 지겹지가 않은 거다. 그건 지금도 마찬가지다. 지겹지가 않다, 옷에 집중하는 시간은. 오롯이 나만의 시간이기도 하고 즐거운 시간, 행복한 시간이다.

전순옥 그래서 집에 재봉틀 놓고 이것저것 만들어보기 시작했나?

서주현 그렇다. 하다 보니 옷본이란 게 있더라. 그걸 배워보자 해서 패턴 배우고, 그걸 컴퓨터로 그리네? 그래서 CAD도 배웠다. 사실 봉제 배운 뒤로 시장에서도 일해보고, 시다도 해봤다. 그 일을 10년 동안 했다면 지금쯤 숙련공이 됐겠지만, 내 성격이 굉장히 다양한 분야에 관심이 있고, 그러다 보니 지금 하는 일이 내 적성에 딱 맞는 것 같다. 전체 부문을 관리하니까 적당히 변화도 있고.

김용숙 나는 친정엄마가 한복을 하셔서 자연스럽게 엄마 밑에서 미싱 배우고 한복을 만들었다. 청주 사람인데 남편 따라 서울 와서 아이 낳으며 10년간 쉬었다. 하지만 애가 셋이다 보니 맞벌이가 절실하더라. 내가 사는 면목동은 주위에 작은 공장이 정말 많다. 미싱을 할 줄 아니까 조금만 배우면 할 수 있겠다는 생각이 들었다. 인터넷 검색해서 봉제아카데미를 알게 됐고, 2014년 6월부터 패션봉제 과정을 배웠다. 한복은 어려운 것 같으면서도 굉장히 단순하다. 미싱만 할 줄 알면 조금 배워서 할 수 있다. 그런데 옷은 바느질법도 다르고, 무척 어려웠다.

전순옥 지금은 어디서 일하고 있나?

김용숙 운 좋게도 김도영 선생님 눈에 들어서 2014년 8월부터 그분 공방(작업실)에 가서 배우고 있다. 처녀 적에 10년 동안 해서 미싱은 자신 있었지만, 아카데미 수료했다고 바로 미싱을 할 수 있는 건 아니다. 소개받아서 가도 시다 대접도 못 받는 경우도 있고, 방치하다시피 있다가 왔다는 케이스도 많다. 그런데 나는 선생님한테 가서 미싱을 할 수 있다는 것도 고맙지만, 옷 만드는 기술을 많이 배울 수 있다는 것 자체가 운이 정말 좋다고 생각한다.

나혜영 내가 미싱과 친해진 계기는 첫애 임신으로 직장 그만두고, 나름대로 태교 차원에서 마트에서 미싱 사다가 배냇저고리나 기저귀 만들면서부터다. 그렇게 취미 생활로 한 10여 년, 그 뒤에 일반 직장을 다녔는데 나이가 마흔여섯이 되다 보니 한계점이 오더라. 아는 사람이 하는 회사였지만 나이 들수록 회사 눈치도 보이고, 기술이 있으면 낫겠다는 생각이 들었다. 생소한 분야니까 일단 책으로 배우자 해서 한국방송통신대학교 의상학과에 입학하고, 기술은 인터넷 검색해보니 봉제아카데미가 딱이다 싶었다. 방통대 의상학과 선배인 장효웅 이사님 기사도 봤고. 현재 디자인테크반에서 디자인부터 옷 만드는 것까지 공부 중이다. 아카데미에서 모자 만드는 회사를 소개해줘서 들어갔었는데 4개월 만에 그만뒀다. 원래는 의상 쪽 생각했었지만 모자도 괜찮다고 해서 갔지만 나랑 안 맞고, 의상과는 좀 다르더라. 지금은 배우는 데만 집중하고 있다.

전순옥 어디든 들어가서 3년 정도는 기술을 배워야 독립을 하거나 다른 계획을 세울 수 있을 거다.

나혜영 맞다. 그래도 현재 내 생각대로 돼가고는 있다. 작년에 전시회를 하면 좋겠다고 생각했는데 2015년 4월 16일 아카데미에서 전시회를 하게 됐고, 4월에 교육 수료 후 조그맣게 내 작업실 열어서 작은 아이템이라도 만들어 팔자 생각하고 있었는데 몇몇 친구들과 의논 중이다. 앞으로 어떻게 될지는 모르지만…….

전순옥 그것도 참 좋은 생각이다.

박영희 나는 20대부터 연극을 했는데 그러면서 무대의상 쪽에 관심이 많아졌다. 결혼 후 남편이 나가서 뭘 하는 걸 반대해서 취미로 배우러만 다녔다. 2011년에 한복을 배우기 시작했는데, 배우다 보니 패션을 접목해서 다양한 옷을 만들어보고 싶다는 생각이 들었다. 같이 한복 배우던 사람의 추천으로 아카데미에 와서 봉제 기초반, 숙련반 거쳐 현재는 디자인테크 과정에 있다. 나중에는 무대의상 쪽으로 가고 싶다. 옷을 통해 관객과 만나면서 다양하게 예술적으로 표현할 수 있다는 데 매력을 느낀다. 물론 현장에서 배우고 기술을 연마하는 것도 중요하지만, 대량생산되는 의상보다는 개개인에게 맞는, 개성 있는 그 한 벌을 만들고 싶다.

전순옥 지금은 배우는 데만 전념하고 있나?

박영희 교육 시간 외에는 봉제 기초반에서 만난 성영자 선생님 작업실에서 일하고 있다. 선생님이 배우는 건 한계가 있고 현장 실습을 해야 감이 생긴다고, 시급 줄 테니 와서 일해보라고 권유하셨다. 솔직히 배울 때는 몰랐다. 현장은 어렵고 내가 뛰어넘을 수 없다는 생각만 갖고 있다. 그렇게 나에게 갇혀 있다가 현장에 가보니 옷이 어떻게 만들어지는지, 시장이 보이고 눈이 트이더라. 나이는 중요하지 않다. 봉제는 얼핏 경력을 많이 따지는 것 같지만, 어디 가려고만 하면, 그리고 참을성 있고 목표 뚜렷하면 얼마든지 극복할 수 있다. 써주고 안 써주고의 문제는 아닌 것 같다. 배울 때는 이런 생각을 못 하고, 마냥 두렵고 내 나이에 누가 써주나 싶었는데, 현장에 나를 드러내면서 보니 자신감이 생기더라. 지금까지는 재미있게 하고 있다.

현승태 나는 원래 패션에 관심이 많았다. 내 또래 남자들이 맞춤 양복을 접하게 되는 계기는 다들 비슷하다. 클라시코 이탈리아라고, 이탈리아풍의 고전적인 양복이 일본 시장에 10년쯤 있다가 2007~08년에 한국으로 넘어왔다. 당시에 클라시코 이탈리아에 관심 있는 극소수가 커뮤니티에 모여서 활동했다. 하지만 어린 나이라 고급 양복을 맞출 수는 없으니, 형들이 오늘 누가 어디서 양복 맞춘다고 하면 우르르 몰려가서 가봉하는 거 구경하고, 그런 식으로 접했다. 배우고는 싶은데 루트는 별로 없고, 대학 커리큘럼에도 맞춤 양복 쪽은 없고, 그러다 중간에 발견한 곳이 두 군데였다. 김의곤 원장님이 하시는 테일러아카데미는 내가 알았을 때는 국비 지원이 종료된 뒤였고, 그 후 오랫동안 해외에서 양복 만드시던 문병지 씨가 양복 기술 가르치고 해외 취업 알선해주는 곳을 이천에 열었는데 첫해만 하고 문을 닫았다. 미국 비자를 발급받을 수 있는 사람이 두 명뿐이고 나머지는 국내 취업을 하게 되니까, 실적 안 나서 국가 지원이 종료된 것이다. 그렇게 두 기회를 놓치고 여기로 와서 2014년 6월부터 3개월간 기초 봉제를 배웠다. 이후 장효웅 이사님의 부탁으로 김의곤 원장님이 소개해주셔서 맞춤 양복점에서 일하고 있다. 잉글랜드라고, 르네상스호텔 안에 있는 곳인데 일한 지는 3개월 반쯤 됐다.

전순옥 그전에는 어떤 일을 했나?

현승태 원래는 구매 대행 쪽 MD로 2~3년 일했다. 그 후 부업으로 물건 떼다 팔면서 코디네이터 일도 했다. 이번 여름에는 셔츠 몇 벌, 바지 몇 벌이 필요해, 그런데 네 옷장 뒤져보니까 이런 건 쓸 만하고 이건 버리는 게 낫고, 마지막에 예컨대 흰색 셔츠를 시중가는 얼만데 너에게 반값에 줄 수 있다고 하면 대부분 사지 않나.(일동 웃음)

전순옥 코디네이터 중요하다. 국회에서도 "의원님 오늘 색깔 잘 맞았네요" 하면 최고의 칭찬이다. 내가 옷을 잘 입는지는 모르겠지만 볼 줄은 안다. 그래서 특히 여자 의원들은 옷 입고 오면 내 눈치를 보면서 은근히 코멘트해주기를 기다린다. 2006년부터 국회의원들이 수다공방 패션쇼 무대에 서기 시작했는데 굉장히 좋아한다. 앞으로는 그런 직업이 뜰 것 같다. 좀 여유 있는 사람들 중에도 옷을 어떻게 입어야 할지 잘 모르겠고, 막상 옷 사러 다니려면 피곤하고 시간도 걸리니까 어려워하는 사람들이 꽤 있다.

이경자 나는 거의 사무직으로 일했는데 결혼하고 나니 마땅히 다닐 데가 없었다. 애들 키우면서 액세서리 만드는 부업도 해봤지만 힘만 들고 돈도 안 되고 애들 케어도 안 되더라. 다른 거 이것저것 해보다가 아는 친구가 회사 관리를 부탁해서 IT 쪽 경영관리팀에 좀 있었다. 몇 년 후 회사가 인수합병이 됐는데 1년 있다가 구조조정 대상이 됐다. 아무래도 나이가 있으니까……. 그전에는 배우는 걸 좋아해서 취미로 여러 가지를 배웠다. 하지만 직장 그만두고 나니 취미는 취미일 뿐, 직업이 되기는 어렵더라. 좀 전에 말한 회사 들어가기 직전에 한남동에 있는 중부교육기술원에서 한복 디자인을 배웠었다. 그때 처음 미싱을 만지고 패턴도 배우면서 이런 새로운 세계가 있구나 싶었다. 하지만 수료하고 나니 그것만 가지고는 마땅히 갈 데가 없었다. 선생님 소개로 광장시장에 갔었는데 보조로 한 3년 해보라고 하더라. 처음 1년은 완전 무보수로…….

전순옥 그게 '열정 페이'다.

이경자 맞다. 배운 거랑 시장일은 전혀 다르다며 일단 기술 배우고, 1년 지나서 말귀 알아들으면 얼마간 '생각해서' 주겠다, 3년 후에는 일감을 주겠다고 하더라. 그렇게 3년을 어떻게 버티나. 버틸 수 있는 힘은 돈인데……. 이후 같은 졸업생 중 한 명이 이곳을 소개해줘서 2014년에 패션봉제 과정을 수료했다. 지난 9월에 2주간 창신동에서 '빡세게' 현장실습을 했는데, 참 많이 배웠다. 아침 9시부터 밤 9시까지 12시간 동안 내내 서서 일했다. 교육생이라 배려해준다고 해도 다들 일하고 있는데 놀 수는 없으니 쪽가위로 하루 종일 자르기만 했다. 그때 봉제의 열악한 현실을 알게 됐다. 아카데미 수료하고 직업을 가져야 하는데 마땅히 받아주는 데는 없고, 나도 김도영 선생님 붙들고 무작정 들이댔다. 무보수라도 좋으니 일하면서 배우게 해달라고. 하지만 선생님이 그건 아니라고, 버티는 힘이 있어야 한다고 하셔서 약간의 페이를 받으며 일하고 있다.

우리에게는 버틸 힘이 필요하다

—

전순옥 요즘 같은 고령화 시대, 고용 불안의 시대에는 기술 배우는 게 가장 희망과 비전이 있다. 그 기술을 얼마나 내 것으로 만드느냐가 관건일 뿐, 개인적으로 사업을 하든 협업을 하든 분명히 기회가 생길 거다. 그런 점에서 여러분 모두, 정말 잘 선택했다고 본다. 특히 현승태 씨는 나이도 어린데 어떻게 기술 배울 생각을 했는지, 기특하고 대단하다.

에필로그

현승태 난 비빌 언덕이 없다. 집에 돈이 많은 것도 아니고, 이런저런 여건 때문에……. 그런데 사무실에서 펜대 굴리는 일 쪽으로 진로를 잡고 가늠해보면 대략 견적이 나오지 않나. 그럴 바에는 내가 좋아하는 일이 이쪽이고, 물론 숙련 기술 익히려면 굉장히 오래 걸리지만, 나중에 후회할지언정 일단 해보는 게 나을 것 같아서 시작했다.

전순옥 오늘 여기 오기 전에 양천구 신정동, 신월동 쪽을 다녀왔다. 그곳에 가방공장이 많은데, 한 공장에 가보니 부모님과 큰아들, 작은아들, 이모, 이종사촌이 같이 일하더라. 특히 두 아들은 둘 다 20대인 데다 영화배우처럼 잘생겼는데 그 환경도 안 좋은 지하공장의 미싱 앞에 앉아서 일을 하는 거다. 물어보니 일반 회사 들어가려고 준비하고, 원서 쓰고, 왔다갔다 시간 보내고, 취직이 돼도 비정규직, 계약직이기 십상이고, 그래서 힘들지만 시간 지나면 이게 나을 것 같아서 선택했다고 하더라. 정말 대단하다고 해줬다.

현승태 기술 배우면 좋은 게 창업을 하더라도 돈을 적게 들일 수 있다는 점인 것 같다.

전순옥 흔히 소상공인이라고 묶어서 얘기하지만 소상인, 자영업자들은 프랜차이즈나 식당 하다가 평균 3년도 못 가서 문을 닫는다. 기술이 없기 때문이다. 반면 소공인들은 창신동의 아주 작은 데를 가봐도 10년도 드물고 거의 20년 이상 됐다. 내가 영국 갔다 온 2001년 당시에 일감 없다던 사람들이 지금도 안 된다 안 된다 하면서도 일하고 있다. 비록 지금은 힘들지만 여러분도 2~3년은 해보겠다 하면 3년 후에는 기술자로서 뭔가 자신 있게 돼 있을 거다. 다들 선택을 하셨다, 떼밀린 게 아니라. 그래도 선택 후 본격적으로 뛰어들겠다고 마음먹었을 때 걱정되는 부분이 있었을 것 같다.

현승태 아무래도 돈이다. 양복에 관심을 둔 내 또래들은 2007년부터, 조금 늦으면 2010년부터 뛰어들었는데, 벌이 때문에 나가떨어지는 경우가 많다. 특히 지방에서 올라와 전문대나 패션 학원 졸업하고 취업하는 경우, 1년쯤 버티다가 집에서 돈 못 대주고 자기 생활비도 안 나오니까 다른 일 찾게 되고 그런다.

박영희 아무리 기술이 있어도 버틸 수 있는 힘이 없으면 무너져 버린다. 나이가 있다 보니 겁 없이 덤벼들던 젊을 때랑은 다르다. 한번 잘못 선택하면 끝이니까 생각을 더 하게 된다. 한복이냐 패션이냐 갈림길에 놓였을 때가 있었다. 패션은 너무 다양하고 복잡하고, 과연 내가 버틸 수 있을지 자신이 없어서 한복을 선택할까도 싶었다. 한복은 미싱 할 줄 알고 조금만 배우면 비교적 단시간 내에 일정 수준까지 오를 수 있다. 패션 디자이너에 비해 한복 디자이너는 거의 3분의 1만 투자해도 된다. 더욱이 한복을 하려는 사람이 많지 않다 보니 스승이 명칭을 주고 이어가도록 도와주는 분위기다. 반면 패션은 아주 젊은 나이부터 시작하는 사람들이 많고 유학파도 많아서 현실적으로 지탱할 수 있는 힘이 떨어진다. 이런 사정들 때문에 나도 고민이 많았다.

서주현 우리가 관리하는 공장이 6~7곳인데 가보면 연령대가 가장 심각하다. 항상 다니면서 생각하는 게 만약 우리나라에서 봉제업을 아예 사양산업으로 치부하고 지원하지 않을 게 아니라면, 다음 세대 키우는 일을 가장 먼저 해야 할 것 같다. 인턴들이 들어오면 돈이든 비전이든 일단 그들을 붙잡아 앉혀둘 뭔가가 있어야 한다. 나도 현장에 있지만 그런 게 없다.

김용숙 나는 육아가 제일 걱정이었고 지금도 그렇다. 한 달째 야근 중이라 밤 11시에 끝나서 거의 자정에 들어간다. 애 하나는 어린이집에 다니고 하나는 이제 초등학교 들어갔는데, 시어머니가 집에 데려다 놔주면 남편이 퇴근해서 돌본다. 아무리 나라에서 애 많이 낳아라, 도와준다 해도 우리한테는 현실적으로 와 닿는 게 하나도 없다. 어린이집에는 늦어도 저녁 7시까지는 무조건 데리러 가야 하고, 초등학교도 밤 8~9시까지 돌봄 서비스가 있지만 인원이 한정돼 있다. 재직증명서 제출해라, 확인 안 되면 못 해준다고 하는데, 일하고 있다는 걸 서류로 증명하기 어려운 경우도 있다. 지역에서 해주는 돌봄 서비스도 대기자가 100명이 넘네, 200명이 넘네 하는 실정이다. 다들 봉제 쪽이 연령대가 높아서 문제라고들 하는데, 정확하게 말하면 그 나이 되기 전에는 할 수가 없는 거다. 이번에 확실히 느꼈다. 나는 애가 셋인데 지금은 남편 혼자 벌어도 감당이 되지만 애들 클 때 생각하면 맞벌이가 필수다. 그래서 애들한테 돈 들어가기 전에 일단 2~3년 살살 해보자 하고 시작했는데, 한번 시작해서 일이 돌아가니까 어쩔 수가 없다. 난 계속하고 싶은데 집에서는 벌써 남편이랑 시어머니 지쳐가는 게 눈에 보이고⋯⋯.

서주현 그럴 때 꾹 참아야 한다.

김용숙 안 그래도 참고 있다, 사실은.(일동 웃음) 이 고비만 넘기면 되겠지 하고 버티고는 있는데, 그래도 참 힘들다. 일반 기업은 출퇴근 시간이 어느 정도 정해져 있고 육아 휴직도 쓰고 하지만 이 현장에서는 절대 가능하지 않다. 야근하라면 하고, 특근하라면 하고, 애 때문에 안 된다고 하면 나가라 하고…… 공장 가보면 다 자랑이 그거다. 여기는 일흔 살 할머니들도 자기가 돈 번다, 이게 자랑인 거다. 맞는 말이긴 한데 젊은 사람들이 배워서 현장을 이어가려면 육아를 병행해야 하는 그 중간 시기의 문제들을 어떻게든 해결해줘야 한다.

박영희 2교대, 3교대, 혹은 주말 전담 식으로 근무 시간 조정이 안 되나?

전순옥 작은 공장들은 현실적으로 그러기가 어려울 거다. 다들 알다시피 봉제일이라는 게 흐름이 있어서, 피크가 저녁 7~8시다. 그때가 생산성이 제일 오를 때고, 그러다 11시쯤 마무리가 된다. 안타까운 노릇이지만 7시에 끝나면 생산성이 안 오르는 건 사실이다.

김용숙 김도영 선생님 공방은 객공 시스템이라 출퇴근 시간이 상당히 자유로운 편이다. 남편 출근시키고 애들 학교 보내고 가면 9시 반 정도. 그래도 일을 하다 보면 하던 건 마쳐야 하고, 내가 맡았으면 시간 안에 내보내줘야 하는데, 난 사정 있으니 이건 오늘, 이건 내일 내보낼게요, 이게 안 되지 않나.

서주현 맞춤인가? 그리고 혼자 완성을 다 하나, 아니면?

김용숙 맞춤은 아니고 소량 오더로 한다. 선생님이 재단을 해주시면 나머지는 다 내가 한다.

전순옥 그 정도면 굉장히 잘하는 모양이다. 아이템은 주로 무엇인가?

김용숙 스커트, 원피스, 재킷, 티셔츠 등 다 한다.(일동 감탄사)

전순옥 그러니까, 기술이 굉장히 좋은 거다. 기술이 좋아서 뭐든 맡기면 다 하니까 일이 많은 거고.

이경자 나도 같은 공방에서 일하고 있지만 김용숙 씨처럼 그전에 10년 미싱을 해본 친구와는 하늘과 땅 차이다. 마음은 저만치 가 있지만, 너무 늦게 시작한 케이스라……

전순옥 하루하루 하다 보면 시간이 그냥 가는 게 아니다, 다 쌓일 거다.

이경자 김도영 선생님도 그렇게 말씀해주셨다. 시간이 해결해준다고.

전순옥 그렇게 배워두면 앞으로 20년 이상 너끈히 할 수 있다. 다들 '난 돋보기 끼고 실 끼울 때까지 할 거야' 그런다. 이경자 씨도 그럴 거다.

서주현 우리도 마도메 하시는 분 중에 일흔 되신 분이 있다.

전순옥 오늘 간 곳에서도 마도메 하시는 분이 여든이더라. 그런데 꾸준히 일을 해서 그런지 굉장히 젊어 보여서 깜짝 놀랐다.

서주현 정말 은퇴 연령 하나는 없는 것 같다. 내 발로 걸어 다니고, 바늘귀 꿸 수만 있으면 계속한다는 게 빈말이 아니다.

기술만 있다면 많은 길이 열려 있다

—

전순옥 여러분이 40대 초중반의 나이에, 현승태 씨는 빼고……(일동 웃음) 이 일을 선택한 데에는 오랫동안 일할 수 있다는 이유가 가장 큰 것 같다. 맞나?

박영희 그렇다, 생활적인 이유다. 결혼해서 직업 없이 살다 보니 노후 걱정이 되고, 그럼 어떤 직업을 선택해야 할까 궁리해보니 기술적인 걸 해야겠다는 생각이 들더라. 그래서 미용도 배워봤는데 나하고 안 맞았다. 그런데 봉제는 어릴 때 학교 안 가는 날 손으로 인형옷 만들던 기억도 있고, 아카데미 와서 배우다 보니 잊어버렸던 기억을 되살리는 계기가 됐다. 또 늦은 나이까지 일을 하고 싶기도 해서 이 길을 선택했다.

서주현 내가 자격증만 다섯 개다. 요리, 제빵, 다 배워봤지만 다 이건 내 길이 아니다 싶었다. 정말 적성인 것 같다.

전순옥 표정에 만족스러운 게 보인다.

서주현 업무량이 많아서 문제지 일은 만족스럽다. 일이 많을 때 정말 죽을 것 같다. 숨 쉴 시간도 없다. 맨 처음 일할 때 돈 얼마 못 받지 않나. 처음 생산관리를 했던 2005년에는 80만 원, 아카데미에서 소개해준 데는 100만 원을 줬다. 일이 있으면 밤 11시, 12시, 주말도 일하고 그랬지만 일하기가 참 좋았다. 일하다 보면 고비가 있고 어느 순간 한계가 오는데, 그걸 뛰어넘는 힘이 돈이 될 수도 사람이 될 수도 있다. 나 같은 경우에는 사장님이 참 좋았다. 100만 원 받다가 나이 있다고 올려줘서 120만 원 받았다. 나는 패션에 관심은 있지만 나이가 있다 보니 젊은 친구들과 감각적인 면에서 경쟁이 어렵다. 그래서 나의 무기는 성실과 끈기다. 일본에서 기획한 제품이 넘어오면 동대문 다니면서 가장 흡사한 원단을 찾았다. 동대문역 A, B, C동의 1층에서 3층, 6층까지 하루 5시간씩 돌아다녔다. 그래서 얻은 게 족저근막염이다.

전순옥 구체적으로 어떤 경우에 한계를 느끼나?

서주현 한계란 말하자면 실수 같은 거다. A를 선택해야 하는데 B를 선택하는 바람에 물건이 제대로 못 나가서 사장에게 손해를 입히는 경우. 그럴 땐 그만두고 싶고 도망가고 싶지만 사장님이 넘어가주고 넘겨주고, 그래서 오래 같이 일을 했다. 한계가 왔을 때 누군가 날 격려해주는 것과 비난하는 것은 큰 차이 아닌가. 누군가 괜찮다, 잘 넘길 수 있다고 말해주는 것만으로도 큰 도움이 된다. 지금도 그 한계가 계속 오는데, 지금은 여기서 그만두면 다음으로 갈 수 없다는 생각으로 버틴다. 내일모레면 쉰인데, 쉰 살은 넘겨야 한다는 생각으로 버티고 있는 중이다.

전순옥 쉰 넘으면 뭘 하고 싶은가?

서주현 원래는 내 브랜드를 만들어서 옷을 팔고 싶었다. 하지만 현실적으로 내가 가진 노하우나 경제적 여건이 다 안 되더라. 그래서 일단 그건 보류했다. 내 최종 목표는 지리산 밑에 가서 공방을 하는 거다.

현승태 경제적인 여유를 가진 상태에서 내가 하고 싶은 일을 하면 좋을 것 같다.

서주현 아마 그때도 경제적인 여유는 없을 것 같다. 나는 그냥 동네 사람들한테 옷 지어주고, 감자 얻어먹고, 그러고 싶다. 그때까지는 돈을 벌기 위해서, 경력을 쌓기 위해서가 아니라 난 그냥 일을 한다. 지금 그만두지 못하는 건 일을 할 수 없을까 봐서다.

전순옥 그러니까 결국은 '내 기술로 오래 일할 수 있을 것 같아서'가 여러분이 이 일을 선택한 이유다?

박영희 그렇다. 남 눈치 안 보고, 어디 가서 나이 때문에, 또 무슨무슨 이유 때문에 치이지 않고 내 기술로 오래 일할 수 있기를 바란다.

김용숙 우리 동네를 봐도 다 잘된다. 구멍 뚫는 것만 하는 집, 삼봉(티셔츠 밑단이나 소매에 박음질하는 작업)만 하는 집, 부분 작업만 하는데도 다 괜찮다. 물론 대규모로 하면 좋겠지만 굳이 크게 할 필요도, 많이 갖춰놓을 필요도 없다. 내 기술로 내가 하고 싶은 곳에서 그냥 미싱 한 대 놓고 해도 된다. 이 분야가 매력적인 게 뭐든지 할 수 있고 열려 있다는 거다. 지금은 만들지만 팔 수도 있고, 더 공부해서 재단, 패턴 배우면 더 넓은 길로 뻗어나갈 수도 있고. 기술 배우고 일하다 보니 언젠가 나에게 맞는 길이 나타날 것 같은 생각이 든다. 다른 분야라면 여자 마흔에 뭔가 새롭게 시작하기가 어렵다. 하지만 이 바닥에서 마흔은 나이도 아니고……(일동 웃음) 뭔가 할 수 있을 것 같다. 조금만 더 배우면 뭔가 이뤄낼 수 있겠구나 하는 욕심이 생긴다.

기술 교육과 현장 사이의 간극이 문제

—

전순옥 이미 수료한 분들은 여기서 배울 때랑 현업에 나갔을 때 가장 큰 차이가 무엇인 것 같나? 기대와 현실의 가장 큰 차이랄까…….

김용숙 공장 가서 면접 볼 때 뭘 할 거냐고 물어보면 다 미싱 한다고 한다. 오죽하면 면접관이 왜 다 미싱사냐, 시다도 괜찮다고 한다. 내 생각에는 '아니 미싱을 배웠는데 당연히 미싱을 해야지'지만 현실은 어휴, 아니다. 예전에 실습용 부자재 사러 갔을 때, 동네 실 가게 같은 데서 도대체 아카데미에 왜 가냐고 하더라. 거기서 배워봤자 나오면 아무도 안 써주고 인정 안 해준다는 거다. 거기서 배우느니 공장 가서 시다를 하는 게 차라리 더 빨리 배운다고 했다. 처음에는 그냥 하는 말이겠거니 안 믿었는데 현실이 정말 그렇더라. 인정 안 해준다. 나 역시 김도영 선생님 공방에서 일을 해보니까 무슨 말인지 와 닿더라. 여기서 3개월 배워 가지고 현장 나가서 미싱사를 한다는 게 말이 안 된다.

서주현 맞다. 교육 기간을 한 3년으로 늘리지 않는 한.

김용숙 처음에는 다들 여기서 배우면 미싱사를 할 수 있겠다는 생각으로 오지만, 실습 갔다 오면 '아, 이건 내 길이 아니야' 하며 나간다.(일동 웅성대며 동의)

전순옥 현장 실습 갔다 와서 엎어지는 사람들이 그렇게 많나?

김용숙 그렇다. 내가 알기로 이 길 가는 사람이 거의 없다.

전순옥 한 기수 졸업하면 몇 명이나 현업으로 가나?

이경자 20명 뽑는데 남는 사람 몇 명 안 된다. 한 10퍼센트? 우리 기수에서 김용숙과 저 둘밖에 모르겠다. 일을 하고 있는데 우리가 모르는 사람도 있겠지만, 아주 많이 잡아야 한 5명? 다들 현장 실습에서 부딪히고 나자빠지는 거다.

전순옥 교육 과정을 다 끝내놓고도 2주간의 현장 실습에서?

김용숙 그렇다. 얘기 듣는 거랑 막상 가서 부딪히는 건 다르니까. 교육생과 지원금이 같이 가니까 받아는 주는데, 손이 설다 보니 도움이 안 된다. 일이 나가야 하는데 가르치면서 쓸 시간은 없고, 그래서 일종의 방치를 한다. 보고 따라 하든지, 그냥 있든지……. 2주만 채우면 되니까. 그래서 눈치 빠른 사람은 좀 오래 버티겠지만 대부분은 한계가 있다.

박영희 기술자가 없다고만 할 게 아니라 연계되는 시스템이 필요할 것 같다.

김용숙 차라리 처음부터 한 20명 넘는 큰 공장에서 배우면 어떨까도 싶다. 우리가 여기서 배우는 걸 어느 정도 시스템이 갖춰져 있는 현장에서 2~3개월 지원금 받고 가르치면 가르친 게 아까워서라도 쓸 것 같다.

서주현 그것도 한계가 있다. 미싱은 절대로 공장에서 가르칠 수가 없다.

현승태 미싱은 물건을 만들어야 하니까.

서주현 그렇다. 시간이 돈이니까. 공장에서 가르칠 수 있는 건 시다인데, 시다도 돈이다. 그러니까 공장에서 이런 교육 시스템을 가져다 적용한다는 건 불가능하다.

김용숙 여기서 배우고 가면 잘 안 받아주는데 공장에서 2~3년 시다를 한 사람들은 가르쳐서 미싱사로 쓴다. 시간이 없다 없다 해도 가르칠 수 있는 여지가 전혀 없지는 않을 것 같다.

서주현 그보다는 이런 교육기관에서 3개월이 아니라 3년을 가르쳐야 한다. 여기서 3년만 가르치면 나가면 미싱사 할 수 있다.

현승태 만약 이것만 전업으로 한다면 2년 정도만 배워도 가능할 거다.

김용숙 3개월도 꽉 채우는 게 아니라 월·화·수 배우고 나흘은 쉬니까 문제다. 미싱을 처음 만져본 사람은 나흘 쉬고 오면 다 까먹는다. 바늘도 반대로 꿰고……. 그러니 이 일을 온전히 파악할 수가 없다. 여기서 3개월 배우고 나가서 내 기술이라고 취직한다는 게 사실 말이 안 된다.

현승태 양복 국비 지원 프로그램도 마찬가지였다. 처음 한두 해는 교육 기간이 6개월인가, 꽤 길었다. 그런데 지원금 같은 현실적 문제 때문에 3개월로 줄어들었다. 그러다 보니 선생님들도 말한다. 이건 정말 겉핥기, 눈으로 쓱 한번 훑고 지나가는 거라 생각하라고.

김용숙 교육을 받아도 취직이 안 되니까 다른 데서 또 교육을 받는다. 취직 안 되면 또 받고……. 교육만 몇 번씩 받는 사람들이 꽤 많다.

전순옥 그러니까 즉시 인력을 키워줘야 한다는 말 아닌가? 그 정도로 가르쳐서 내보내야 현장에서도 받는다, 그 정도 배우려면 시간이 걸리니까 지원금을 줘야 한다…….

김용숙 즉시 인력이라는 것만 놓고 보면, 지금 시스템의 큰 틀은 못 바꿔도 작은 부분을 바꾸면 가능하지 않을까? 교육 기간이 짧은 대신 아이템 딱 한 가지만 제대로 가르쳐서 내보내는 식으로 말이다. 지금은 가령 처음에 스커트를 배웠다고 하면 교육 끝나고 제일 쉬운 스커트 만들라고 해도 못 만든다. 그 사이에 바지도 만들고 몇 가지를 배우다 보니 잊어버리는 것이다. 그러니 미싱 밟을 줄 안다고 해서 취직이 되겠나.

박영희 난 조금 의견이 다른데, 월·수·금이든 화·목이든 일주일을 다 투자할 수 없는 사람들한테는 이 시스템이 좋다. 배우려고 하는 사람들이 안 오면 다 무용지물 아닌가.

서주현 그러니까 선택을 할 수 있게 해주면 되지 않나. 내가 다음 세대를 말한 건 뭐냐면, 2년이라는 시간을 기다려주고 이 사람들이 여기서 평생직업을 가질 수 있다는 확신을 가질 수 있도록 충분히 교육해야 된다는 거다.

박영희 또 중요한 문제는 오더가 장당 계산이다 보니 판매가에 비해 단가가 너무 싸다는 거다. 몇십 년 하신 분들은 단련이 돼서 넘어가겠지만 초보자들에게는 뛰어들기에 어려운 싸움이라는 생각이 든다. 그래서 다들 이런 직업을 선택 안 하려고 하나 싶고. 발로 뛰는 일과 앉아서 하는 일 중에 고르라고 하면 다들 편한 걸 찾지 않겠나. 3D니까 그렇다고 치부할 것이 아니라, 자기가 일한 만큼 대가가 주어질 거라고 생각하면 할 수 있을 것 같다. 한쪽은 폭리를 취하는가 하면 다른 쪽은 자기 권리도 못 내세우고 묻히는 걸 보니 좀 화가 나더라. 노력하는 사람들이 좀 더 가져갈 수 있다면, 내가 한 일에 합당한 대가를 지불해줄 거라는 믿음이 있으면 좋을 텐데……

에필로그

기술이 답이다. 답은 기술에 있다

—

전순옥 마지막으로 여러분의 최종 목표는 무엇인가? 기본적으로는 이 일을 하게 된 이유에서 답이 나오긴 하지만 좀 더 구체적인 목표, 꿈, 희망이 무엇인지 궁금하다.

서주현 앞서 말했듯이 지리산 밑에서 공동체와 함께 공방을 하며 살고 싶다. 각자 한 가지씩 기술 가지고 있는 이들이 모여서 나누며 사는…… . 그전까지는 지금 하는 일을 계속할 것이다. 돈이나 경력과 상관없이.

김용숙 나이 들어서 뭘 하겠다고 계획하기에는 아직 너무 부족하다. 지금은 일단 기술을 완벽하게 내 걸로 만들어야겠다고 생각하는 단계다. 누구의 도움도 받지 않고, 어떤 아이템이든 주어지면 흠잡을 데 없이, 혼자 완성할 수 있는 기술을 갖는 게 목표다. 한 10년 내에…… .

전순옥 10년 후에도 쉰 살인가? 아, 저 마흔의 여유…… .(일동 웃음)

나혜영 될지는 몰라도 기획하고 있는 게 있다. 크게 보면 전국 대형 마트에 맞춤옷으로 지점을 내는 것이다. 창업 비용으로 최소 2,500만 원이 필요하다. 먼저 클로(CLO) 시스템이라고, 3D 프로그램인데 가상현실에서 디자인하고 꿰매고 사람에게 입혀서 착장한 직물 조직까지 다 구현할 수 있는 시스템이다. 그게 1,800만 원이고, 나머지는 미싱이나 오버로크 기계 구입비로 몇백만 원이 필요하다. 그 비용을 모으려면 어딘가에 적을 두고 벌어야 하고, 내가 하려는 사업에 요구되는 기술을 갖추는 데 2~3년은 걸릴 것 같다. 한 10년 안에는 뭔가 되지 않을까.

전순옥 대형 마트에 지점을 낸다는 건 대중적인 가격대의 맞춤옷을 내놓겠다는 건가? 거의 기성복 수준으로……?

나혜영 그렇다. 대형 마트에 가면 식료품만 사는 게 아니라 옷도 보고 그러지 않나. 우리 친정아버지는 팔이 길고, 동생은 몸집이 크고, 누군가는 키가 작아서 나에게 옷 만들 줄 알면 맞춰달라고 하기도 한다. 너무 비싸지만 않다면 내 체형에 맞는, 나를 위한 단 한 벌을 사지 않겠나.

박영희 나는 무대를 좋아하니까 무대의상을 만들 생각이지만 그것만 가지고는 빠듯할 것 같다. 그래서 연예인 대상으로 맞춤옷도 할 생각이다. 자기 표출 욕구가 강한 연예인들에게 개개인에 맞는 스타일링으로 접근할 것이다. 인맥이나 판로는 어느 정도 있는데 그전에는 자신이 없어서 못 했다. 아직 기술적으로 완전히 숙련되지는 않았더라도 내가 오더 따오면 일감을 줄 수 있는, 같이 갈 수 있는 사람들을 찾고 있다. 내 소속이 아니라 저마다 개인 브랜드를 가지고 하나의 장 안에서 함께 일하는 방식을 생각 중이다. 각자 개성과 강점을 가진 이들이 모인다면 다양한 디자인 요구를 소화할 수 있을 것 같다.

현승태 지금은 아직 햇병아리 상태라, 최대한 빠른 시간 안에 '이 녀석한테는 믿고 일을 시킬 수 있겠다'라고 인정받고 싶다. 일단 그게 돼야 다음이 있지 않겠나. 물론 언젠가는 개인 공방을 낸다거나 내 브랜드로 상업적 성공을 거두고 싶은 꿈도 있지만…….

에필로그

이경자 당면 목표는 1년 내에 최대한 빨리 기술을 익히는 것, 그리고 3년까지 어떻게든 버티는 것이다. 하다 보면 여러 가지 상황이나 여건이 안 되는 경우도 있을 테고, 무엇보다 체력이 젤 걱정이긴 한데, 일단은 '버티기 작전'이다.(일동 웃음) 그래서 지금의 김용숙 씨처럼 웬만한 일감은 내가 감당할 수 있을 정도가 되면 좋겠고, 그다음에는 처음부터 끝까지 내가 다 할 수 있는 수준이 되기를 바란다. 또 한 가지, 서주현 씨와 마찬가지로 나도 공동체나 나눔에 관심이 많다. 김도영 선생님처럼 내가 가진 기술을 누군가에게 베풀고 나눈다는 것이, 물론 쉽지 않지만 얼마나 멋진 일인가. 봉제아카데미에서 제일 놀란 것도 자신의 노하우를 아낌없이 나눠준다는 점이었다.

전순옥 여러분의 솔직하고 생생한 이야기, 따끔한 지적, 멋진 꿈, 모두 잘 들었다. 어떤 분들이 오실까 기대가 컸는데, 만나서 이야기를 들어보니 정말 생각이 깊고 심지 굳은 분들이라 미래의 소공인으로 손색이 없다는 확신이 든다. 오는 5월 말부터 소공인법이 본격적으로 시행되면 오늘 여러분이 지적한 많은 문제들도 하나씩 해결책을 찾아갈 수 있을 것이다. 그렇게 되도록 노력할 것이고. 앞으로 여러분이 계획하고 있는 일들을 실행에 옮기는 과정에서 잘 모르는 부분이 있거나 정보가 필요하면 의원실로 연락해달라. 어떤 지원책이 있고, 어떤 창업 자금이나 운영 지원금을 받을 수 있는지, 또 서류 작성에 어려움을 겪거나 컨설팅이 필요하면 어디서 도움을 줄 수 있는지 등을 알려줄 수 있다.

박영희 몇 명이 같이 창업을 할 때에도 도움을 받을 수 있나.

전순옥 당연하다. 협업화 사업을 하면 중소기업청에서 1억 원까지 지원해준다. 수제화협동조합이 좋은 사례인데, 제조는 물론이고 기획자와 카이스트 교수 출신, 회계 잘하는 사람 등이 모여서 만든 것이다. 각자의 재능을 바탕으로 협업화 사업을 기획해서 지원금 1억으로 기계나 설비 등을 다 마련했다. 내가 국회에서 예산 소위 가보니까 204억 원이 있는데, 죄 소상인 대상이고 소공인은 없더라. 원래는 전통시장 나들가게 지원 사업을 했지만 다 망했다. 그래서 내가 그 돈을 소공인 지원금으로 쓰자고 해서 협업화 사업이 시작됐고, 잘되고 있다.

박영희 그런데 정부에서 뭘 받으려고 하면 서류가 스물 몇 장씩 되고 너무 까다롭다.

전순옥 그럴 때는 무료 컨설팅을 해주는 전문가들의 도움을 받으면 된다. 실제로 내가 중랑구에서 가방 만드는 분들을 그쪽 컨설턴트와 연결시켜서 진행 중이다. 몰라서, 혹은 어려워서 그렇지 길은 다 있다. 길이 있다 생각하고 힘들어도 고비를 넘기기 바란다. '노동이 답이다. 답은 현장에 있다'는 게 내 모토다. 여러분에게는 '기술이 답이다. 답은 기술에 있다'고 바꿔 말하고 싶다. 기술은 결코 여러분을 배신하지 않을 거라 믿는다. 긴 시간 수고하셨다. 앞으로 꼭 한 번 더 보자.

부록

부록 1. 소공인 교육기관 소개

1. 한국패션봉제아카데미

주소 서울 종로구 율곡로 283 서울디자인지원센터 4층 | **대표전화** 02)744-4016 | **교육안내** 02)744-4012 | **홈페이지** http://www.kassa.kr

2006년 사단법인 참여성노동복지터 산하의 수다(手多)공방이 동대문패션봉제기술학교를 설립, 첫해에 123명의 훈련생을 배출하고, 2008년 한국패션봉제아카데미로 명칭을 바꿔 현재까지 운영 중이다. 운영기관인 수다공방은 '봉제인들이 가진 기술의 가치와 우리 사회에 대한 기여가 공정하게 인정받는 사회'라는 비전 아래, 사람과 기술의 가치를 소중히 여기고 최고 수준의 명품 봉제장인 양성 및 선진 봉제산업의 시스템 구축을 위해 노력하고 있다.

교육과정은 크게 지역맞춤형 봉제 전문인력 일자리 창출사업 및 봉제 전문인력 양성사업 과정이 있으며, 봉제산업 전반에 대한 이해를 바탕으로 봉제, 패턴, 천연염색소재 봉제, 리폼수선, 샘플, 패턴CAD, 핏테크니션 등 다양한 봉제기술을 연마할 수 있다. 훈련 비용은 고용노동부·서울시의 지원으로 전액 무료.

■ 지역맞춤형 봉제 전문인력 일자리 창출사업 교육과정

교육과정	교육기간	교육생 수	교육 내용	주 교육대상
봉제실무 1기	3개월	20명	– 보조작업(시다) : 아이템 패턴 짝맞추기, 다림질법, 심지접착 등 봉제현장 입문자를 위한 전 공정 기초훈련 – 시접처리방법 : 오버로크, 삼봉 – 기본 디자인 아이템 제작	입문자 초급 상당 봉제기술 소유자

봉제실무 2기	3개월	20명	– 보조작업(시다) : 아이템 패턴 짝맞추기, 다림질법, 심지접착 등 봉제현장 입문자를 위한 전 공정 기초훈련	입문자 초급 상당 봉제기술 소유자
봉제실무 3기	6주	20명	– 시접처리방법 : 오버로크, 삼봉 – 기본 디자인 아이템 제작	
패턴초급	4개월	15명	– 체촌법 설명 – 다양한 아이템 기본 및 변형 패턴 제도	패턴 관련 경력 보유 또는 관련학과 졸업자 위주 20대 청년 위주
패턴중급	4개월	15명	– 체촌법 설명 – 다양한 실루엣 및 유행디자인 패턴 제도 – 패턴 제도 후 완성도 체크 – 자가진단 및 결점 보완	
패턴CAD	4개월	10명	– 유까 프로그램 매뉴얼 익히기 – 실무패턴입력 및 보정 ¦ 그레이딩 ¦ 마킹 및 출력	
핏테크니션	3개월	10명	– 패턴메이킹 ¦ 패턴그레이딩 – 텍 팩(Technical Package) 만들기 – 테크니션 스케치	
천연소재 봉제	8개월	15명	– 창업훈련(3시간) – 패턴훈련 : 기본원형, 소매, 칼라, 블라우스, 바지, 스커트, 희망아이템 – 천연소재 바느질법 ¦ 다양한 아이템 제작 – 현장실습	중급 이상의 봉제 기술력 보유자
리폼수선	4개월	15명	– 창업훈련(3시간) – 패턴훈련 : 기본원형, 소매, 칼라, 블라우스, 바지, 스커트, 희망아이템 – 인체 착장법 ¦ 기본 수선법 및 고급 수선법 – 다양한 아이템 및 소재 리폼 : 재킷 및 모피 또는 가죽 포함 – 주문생산식 훈련	
샘플	8개월	15명	– 창업훈련(3시간) – 패턴훈련 : 기본원형, 소매, 칼라, 블라우스, 바지, 스커트, 희망 아이템 – 다양한 디자인 및 소재 믹스 – 작업지시서 숙지법 및 스피드 노하우 전수	

■ 봉제 전문인력 양성 교육과정

교육과정	교육기간		교육생 수	교육 내용	주 교육대상
패션디자인테크 고급봉제과정	총 32주, 95강좌		20명	의복 생산의 모든 단계 교육	관련 경력 단절자 패션 관련학과 졸업(예정)자
	이론 실습 현장	69시간 201시간 15시간			
품목별 봉제 심화과정 (총4기)	총 50주, 100강좌		한 기수당 20명 이내 (총 70명)	품목별로 차별화된 맞춤형 집중교육	
	이론 실습 현장	78시간 198시간 24시간			
봉제기술 전수자 과정	총 40주, 40강좌		10명	기술 전달의 효율성을 높이는 교습법 교육 체계화된 장인 기술의 매뉴얼화	의류봉제산업 분야 고숙련 기술자
	이론 실습 현장	24시간 93시간 3시간			

2. 한국제화아카데미

주소 서울 성동구 2가 289-18 대륙빌딩 2층 | **전화** 02)461-9233 | **이메일** shoesacademy@gmail.com | **카페** http://cafe.daum.net/handmadeshoe

한국제화아카데미는 서울시 성동구가 주관하는 성수동 수제화 교육사업의 일환으로 매년 상·하반기 2차례에 걸쳐 교육생을 선발, 교육하고 있다. 2011년 고용노동부 주관 지역맞춤형 일자리창출 지원사업으로 선정된 이래, 2015년 상반기까지 총 13기의 교육생을 배출했다. 서류심사와 면접을 거쳐 기수별로 28명을 선발, 4개월간 구두 이론 및 디자인 교육, 저부 및 갑피 제작 등 기초 실습훈련을 받게 된다. 훈련비는 전액 무료.

훈련과정	훈련기간	요일	시간	모집인원	교육내용	모집대상
기초A반(오전)	4개월	월·수·금 (화·목은 10~18시 자율교육)	10~12시	14명	저부, 갑피 훈련 (이론, 디자인 교육 포함)	제화 관련 취업 및 창업 희망자
기초B반(오후)			14~16시	14명		

3. MJC 보석직업전문학교

주소 서울 종로구 돈의동 137 피카디리빌딩(롯데시네마극장) 8층 | **전화** 1661-2688 | **이메일** mjcschool@naver.com | **홈페이지** http://www.mjc.kr:8089

귀금속·보석 분야의 전문가를 양성하는 직업 전문학교로 산학협력 중심의 특성화 교육 및 직무능력 향상을 위한 현장 실무교육을 하고 있다. 교육부 학점은행제 2년제 산업예술전문학사 학위 취득 인정 교육기관이기도 하다. 국가 공인 귀금속 분야 '제25호 대한민국 명장' 김종목이 설립, 현재 이사장을 맡고 있다.

입학과정은 학점은행제 전문학사 학위 취득과정과 실업자·재직자 국비지원과정으로 나뉜다. 전문학사과정으로 귀금속공예디자인전공 과정이 있으며 이 과정 내에 주얼리비즈니스, 주얼리메이킹, 주얼리컴퓨터디자인 등 세부 과정이 있다. 국비지원과정은 구직자와 재직자를 대상으로 한 귀금속세공, 귀금속조각, 왁스원본제작, 주얼리종합과정, 주얼리디자인, Matrix 3D 디자인, Rhino 3D 디자인, 보석감정, 주얼리판매사, 보석마케팅 등이 있다. 전문학사과정을 마치면 4년제 대학 편입이나 해외 유학이 가능하다.

■ 학사과정

학과명	교육기간	교육시간
장신구세공	15주(3학점)	강의 1, 실습 4
보석디자인	15주(3학점)	강의 1, 실습 4
보석감정	15주(3학점)	강의 2, 실습 2
라이노캐드	15주(3학점)	강의 1, 실습 4
보석학	15주(3학점)	강의 3, 실습 0
보석마케팅	15주(3학점)	강의 3, 실습 0

■ 노동부 국비무료 훈련과정 · 일반 교육과정 · 재직자 과정

학과명	교육과정	교육기간	교육시간
귀금속세공	노동부 국비무료 훈련과정	6개월(주 5일)	일 8시간 (09:00~07:10)
	일반 교육과정	6개월(주 5일)	일 4시간 선택(09:00~19:30)
	재직자 과정	① 화 · 목 야간반 ② 토요일 종일반	① 19:30~22:00 ② 09:00~17:00
귀금속조각	일반 교육과정	6개월(주 5일)	일 4시간 선택(09:00~19:30)
왁스원본제작	일반 교육과정	6개월(주 5일)	일 4시간 선택(09:00~19:30)
주얼리종합과정	일반 교육과정	1년 과정(주 5일)	일 8시간(09:00~17:00)

4. 테일러아카데미

주소 서울 강남구 도산대로 81길 41(청담동, 청담빌딩 B1) | **전화** 02)2232-2028 | **블로그** http://tailoracademy.org | **카페** http://cafe.naver.com/tailoracademy

국내 최초 실무 중심 맞춤양복 기능교육기관을 표방하는 테일러아카데미의 교육과정은 크게 기초반(Basic apprentices)과 심화반(Advanced apprentices)으로 나뉘며,

기초반 수료생을 대상으로 심화반 과정을 모집한다. 기초반 과정은 기초봉제와 맞춤셔츠 제작, 심화반 과정은 바지와 조끼 제작·비접착 양복 제작·맞춤양복 패턴 제작 및 보정을 교육한다. 각 과정은 10~12주 일정으로 진행된다.

테일러아카데미는 봉제반과 더불어 쇼룸을 이용하여 비즈니스 및 마케팅 과정도 교육하고 있으며, 이 과정은 창업 및 이론 교육으로 진행된다. 또한 수료 후 3~6개월간 쇼룸 임대 기회를 제공함으로써 인큐베이팅 시스템을 구축하여 교육이 교육만으로 끝나지 않도록 다양한 기회를 제공하고 있다.

훈련과정	교육기간 및 일시	모집인원	모집대상	교육내용	수강료
기초반 (Basic Apprentices Course)	180분(16주) 월·수 19~22시	10~15명	실업자, 재직자 등	기초봉제 및 손바느질, 기초패턴 제도, 가봉 및 패턴의 보정	1,400,000원 (4개월, VAT 별도)
심화반 (Trouser and Waistcoat Making Course)	180분(12주) 화·목 19~22시	10~15명	기초봉제반 우선선발	마름질, 가봉, 안감 및 부속 자르기, 주머니 및 안감 붙이기, 심지 제작, 벨트 달기, 옆선·안선·중앙선 봉제, 추가 디테일 설명 등	1,350,000원 (3개월, VAT 별도)

부록 2. 도시형소공인 지원에 관한 특별법 전문(全文)

[시행 2015.5.29.] [법률 제12695호, 2014.5.28., 제정]

제1장 총칙

제1조(목적) 이 법은 도시형소공인의 성장과 발전을 위한 지원체계를 마련하여 도시형소공인의 경제활동을 촉진함으로써 국민경제의 발전에 이바지함을 목적으로 한다.

제2조(정의) 이 법에서 사용하는 용어의 뜻은 다음과 같다. 〈개정 2015.1.28.〉
1. '도시형소공인'이란 다음 각 목의 요건을 모두 갖춘 자를 말한다.
가. 「소상공인 보호 및 지원에 관한 법률」 제2조에 따른 소상공인일 것
나. 노동집약도가 높고 숙련기술을 기반으로 하며 일정지역에 집적하는 특성이 있는 제조업으로서 대통령령으로 정하는 업종을 주된 사업으로 영위할 것
2. '도시형소공인 집적지구'란 행정구역별로 구분하여 대통령령으로 정하는 수 이상의 도시형소공인의 사업장(기계·장치 등 제조시설이 포함된 경우에 한정한다)이 집적된 지역으로서 제15조에 따라 지정된 지역을 말한다.

제3조(국가 및 지방자치단체의 책무) ① 국가는 도시형소공인의 지원에 관한 종합적인 시책을 수립하여 시행하여야 한다.
② 지방자치단체는 국가의 시책과 지역적 특성을 고려하여 도시형소공인의 지원에

관한 시책을 수립하여 시행하여야 한다.

제4조(다른 법률과의 관계) 이 법은 도시형소공인의 지원에 관하여 다른 법률에 우선하여 적용한다.

제2장 도시형소공인 지원계획의 수립 및 시행

제5조(도시형소공인 지원 종합계획의 수립) ① 중소기업청장은 도시형소공인의 성장과 발전을 위하여 5년마다 도시형소공인 지원 종합계획(이하 "종합계획"이라 한다)을 수립·시행하여야 한다.
② 종합계획에는 다음 각 호의 사항이 포함되어야 한다.
1. 도시형소공인의 성장과 발전을 위한 기본목표와 추진방향
2. 도시형소공인에 관한 제도와 법령의 개선
3. 도시형소공인의 숙련기술 활용 및 전수에 관한 사항
4. 도시형소공인의 인력양성 및 공급에 관한 사항
5. 도시형소공인의 기술보급·기술혁신·기술첨단화에 관한 사항
6. 도시형소공인 제품의 국내외 판로 지원에 관한 사항
7. 도시형소공인 집적지구 지원에 관한 사항
8. 그 밖에 도시형소공인의 지원을 위하여 필요한 사항
③ 종합계획 수립의 절차 및 방법 등에 필요한 사항은 대통령령으로 정한다.

제6조(도시형소공인 지원 시행계획의 수립 등) ① 중소기업청장은 종합계획의 추진을 위하여 매년 관계 중앙행정기관의 장과의 협의를 거쳐 도시형소공인 지원 시

행계획(이하 "시행계획"이라 한다)을 수립하여야 한다.

② 중소기업청장은 도시형소공인 지원을 위하여 특별시장·광역시장·특별자치시장·특별자치도지사 및 도지사(이하 "시·도지사"라 한다)에게 시행계획 추진에 필요한 조치를 요청할 수 있다.

③ 시행계획의 수립 및 추진 등에 필요한 사항은 대통령령으로 정한다.

제7조(통계자료 조사 등) ① 중소기업청장은 종합계획 및 시행계획에 필요한 국내외 도시형소공인에 관한 통계자료를 조사·작성·분석 및 관리할 수 있다.

② 중소기업청장은 제1항의 통계자료를 조사·작성·분석 및 관리하기 위하여 관련 지방자치단체의 장, 공공기관의 장, 도시형소공인 및 관련 기관과 단체에게 필요한 자료와 정보의 제공을 요청할 수 있다.

③ 중소기업청장은 제1항에 따른 통계자료의 조사·작성·분석 및 관리에 관한 업무의 전부 또는 일부를 전문성이 있는 기관에 위탁하여 수행하게 할 수 있다.

제3장 도시형소공인 양성 및 숙련기술 고도화

제8조(도시형소공인 양성 및 인력 확보) ① 정부는 도시형소공인을 양성하고 인력을 확보하기 위하여 노력하여야 한다.

② 정부는 도시형소공인이 우수한 인력을 확보할 수 있도록 지원하기 위하여 다음 각 호의 사업을 할 수 있다.

1. 도시형소공인 숙련기술 습득과 고도화를 위한 교육
2. 신규 인력유입의 활성화 및 고용안정을 위한 사업
3. 도시형소공인 근로자의 처우개선 등 복지증진에 관한 사업

4. 「청년고용촉진 특별법」 제2조 제1호에 따른 청년 미취업자의 고용확대 지원

5. 퇴직근로자 등의 숙련기술 전수 및 재취업 지원에 관한 사업

제9조(도시형소공인 경영지도 및 기술개발 지원) ① 중소기업청장은 도시형소공인의 경영지도 및 기술개발을 지원하기 위하여 노력하여야 한다.

② 중소기업청장은 도시형소공인을 대상으로 하는 경영지도 및 기술개발을 위하여 다음 각 호의 사업을 지원할 수 있다.

1. 도시형소공인 사업의 기획, 개발 및 연구

2. 도시형소공인의 경영능력과 기술수준의 향상을 위한 상담, 지도 및 정보제공

3. 도시형소공인의 기술혁신 및 기술개발

4. 도시형소공인의 기술력 및 생산력 향상에 필요한 조사·연구

제10조(기술교육훈련기관의 지정) ① 중소기업청장은 도시형소공인의 기술전수 및 고도화를 위하여 다음 각 호의 어느 하나에 해당하는 자를 기술교육훈련기관으로 지정할 수 있다.

1. 「초·중등교육법」에 따라 산업수요 맞춤형 또는 체험 위주의 교육과정을 운영하는 고등학교

2. 「고등교육법」에 따른 대학·산업대학·전문대학·기술대학 및 「근로자직업능력 개발법」에 따른 기능대학

3. 「과학기술분야 정부출연연구기관 등의 설립·운영 및 육성에 관한 법률」 제8조 제1항에 따른 한국생산기술연구원

4. 그 밖에 도시형소공인 분야의 교육 및 훈련 기관으로서 대통령령으로 정하는 기관

② 중소기업청장은 제1항에 따라 지정된 자가 기술교육훈련을 실시하는 데 소요되

는 비용을 지원할 수 있다.

③ 기술교육훈련기관의 지정 요건 및 절차 등에 필요한 사항은 대통령령으로 정한다.

제11조(기술교육훈련기관의 지정해제) 중소기업청장은 기술교육훈련기관이 다음 각 호의 어느 하나에 해당하는 경우에는 그 지정을 해제할 수 있다.

1. 기술교육훈련기관이 지정요건에 해당하지 아니하게 된 경우

2. 기술교육훈련기관이 지정해제를 요청하는 경우

3. 기술교육훈련기관이 제10조제2항에 따른 지원 비용을 용도 외로 사용한 경우

제12조(우수 숙련기술인 선정) ① 중소기업청장은 도시형소공인 업종에 종사하는 우수 숙련기술인을 선정하여 포상할 수 있다.

② 제1항에 따른 우수 숙련기술인 선정의 요건, 절차 및 포상 등에 필요한 사항은 대통령령으로 정한다.

제13조(기술의 전수 지원) ① 중소기업청장은 도시형소공인의 기술이 전수·발전될 수 있도록 노력하여야 한다.

② 중소기업청장은 제1항에 따른 도시형소공인 기술의 전수 지원을 위하여 다음 각 호의 사업을 추진할 수 있다.

1. 우수 기술의 보급 및 기술정보 제공

2. 제12조에 따른 우수 숙련기술인을 통한 우수 기술의 전수

3. 기술 전수를 위한 시설 및 장비의 제공

4. 도시형소공인의 숙련기술을 전수받은 기술전수대상자가 해당 직종에 장기간 종사(從事)할 수 있도록 장려하기 위한 사업

5. 그 밖에 기술의 전수를 위하여 중소기업청장이 필요하다고 인정하는 사업

제14조(우수 도시형소공인 육성 및 지원) ① 중소기업청장은 지역 일자리 창출, 매출증대 등 지역경제에 미치는 영향이 크거나 숙련기술의 고도화 가능성을 보유한 도시형소공인을 선정하여 다음 각 호의 사항에 관한 지원사업을 할 수 있다.

1. 우수 도시형소공인으로의 성장촉진 및 중장기 발전을 위한 전략의 수립 지원
2. 기술·인력·금융·경영 등 분야별 전문가의 파견·알선
3. 우수 도시형소공인으로의 성장을 촉진하기 위한 정보의 제공
4. 국내 및 해외판로 개척에 대한 지도와 자문
5. 그 밖에 우수 도시형소공인으로의 성장을 촉진하기 위하여 필요한 사업

② 제1항에 따른 도시형소공인의 선정 및 지원 등에 필요한 사항은 대통령령으로 정한다.

제4장 도시형소공인 발전기반 조성

제15조(도시형소공인 집적지구의 지정) ① 시·도지사는 도시형소공인의 발전을 위하여 필요한 경우에 다음 각 호의 사항을 포함한 도시형소공인 집적지구 활성화 계획을 수립하여 중소기업청장에게 관할 구역의 일정 지역(「산업입지 및 개발에 관한 법률」 제2조제8호에 따른 산업단지는 제외한다)을 도시형소공인 집적지구(이하 "집적지구"라 한다)로 지정할 것을 요청할 수 있다.

1. 집적지구로 지정받으려는 지역
2. 집적지구의 활성화를 위한 소요재원의 규모 및 조달방안
3. 그 밖에 도시형소공인의 집적활성화 등을 위하여 대통령령으로 정하는 사항

② 중소기업청장은 제1항에 따라 집적지구의 지정을 요청받은 경우, 미리 관계 중

앙행정기관의 장과 협의를 거쳐 집적지구 활성화 계획의 타당성 및 「산업입지 및 개발에 관한 법률」 제5조의 2에 따른 산업입지수급계획과의 조화 등을 고려하여 집적지구를 지정할 수 있다. 이를 변경하거나 해제하려는 때에도 또한 같다.

③ 중소기업청장은 제2항에 따라 집적지구를 지정한 경우에는 대통령령으로 정하는 바에 따라 그 내용을 고시하여야 한다.

제16조(도시형소공인 집적지구 금융지원) ① 중소기업청장은 도시형소공인의 발전을 위하여 「지역균형개발 및 지방중소기업 육성에 관한 법률」 제44조 제1항에 따라 지방중소기업 육성 관련 기금의 조성을 지원할 때 집적지구를 지정받은 지방자치단체를 우대하여 지원할 수 있다.

② 국가나 지방자치단체는 집적지구에 있거나 집적지구로 이전하는 도시형소공인에 대하여 자금이나 그 밖에 필요한 사항을 우선하여 지원할 수 있다.

③ 다음 각 호의 어느 하나에 해당하는 자는 집적지구에서 도시형소공인이 필요한 자금을 원활하게 조달할 수 있도록 우선적으로 신용보증을 할 수 있다.

1. 「신용보증기금법」에 따른 신용보증기금

2. 「기술신용보증기금법」에 따른 기술신용보증기금

3. 「지역신용보증재단법」 제9조에 따라 설립한 신용보증재단

제17조(도시형소공인 집적지구 인프라 구축) ① 시·도지사는 집적지구의 기반시설 조성과 확충을 위하여 다음 각 호의 사업을 시행할 수 있다.

1. 공동 폐기물 처리 시설의 설치

2. 사업장 등에 관한 건물과 시설물 등의 개량, 수리

3. 공동창고, 교육시설, 전기·가스·화재 등에 관한 안전시설물 등의 설치·개량

4. 장애인·노인·임산부 등의 이동과 사업장 등 이용의 편리를 도모하고 정보에의

접근을 용이하게 하기 위한 시설과 설비의 설치·보수

5. 그 밖에 집적지구 인프라 구축을 위하여 필요한 사업

② 정부는 집적지구의 기반시설 조성과 확충에 필요한 비용을 지원할 수 있다.

③ 집적지구 인프라 구축사업의 지원 대상·한도 및 절차 등에 필요한 사항은 대통령령으로 정한다.

제18조(도시형소공인 지원센터의 설치·운영) ① 중소기업청장은 도시형소공인의 발전과 기술정보의 제공 등에 필요한 업무를 지원하기 위하여 도시형소공인 지원센터(이하 이 조에서 "지원센터"라 한다)를 설치·운영할 수 있다.

② 지원센터는 다음 각 호의 업무를 수행한다.

1. 도시형소공인을 위한 교육·상담 등 지원사업의 실시

2. 도시형소공인에 대한 기술정보의 조사 및 제공

3. 도시형소공인 지원 관련 기관·단체와의 서비스 연계

4. 도시형소공인에 관한 일자리 정보제공 및 일자리의 알선

5. 그 밖에 도시형소공인 지원을 위하여 필요한 사업

③ 중소기업청장은 지원센터의 설치·운영을 대통령령으로 정하는 법인이나 단체에 위탁할 수 있다.

④ 지원센터에는 도시형소공인에 대한 교육·정보제공 등의 업무를 수행하기 위하여 대통령령으로 정하는 기준을 충족하는 전문인력을 두어야 한다.

⑤ 중소기업청장은 지원센터에 대하여 제2항 각 호의 업무를 수행하는 데에 필요한 비용의 전부 또는 일부를 지원할 수 있다.

⑥ 지원센터의 설치·운영에 필요한 사항은 대통령령으로 정한다.

제19조(사업장 및 작업환경의 개선) ① 정부와 지방자치단체는 도시형소공인 사업

장 및 작업환경의 개선에 필요한 비용을 지원할 수 있다.

② 정부와 지방자치단체는 도시형소공인의 작업환경 및 작업특성에 대한 위해요소를 측정하고 이를 개선하기 위하여 필요한 지원을 할 수 있다.

③ 사업장 및 작업환경 개선사업의 지원 대상·한도, 절차 및 사후 관리 등에 필요한 사항은 대통령령으로 정한다.

제20조(공동사업의 지원) 정부와 지방자치단체는 도시형소공인의 경영비용 절감 및 매출 증대를 위하여 다음 각 호의 공동사업을 지원할 수 있다.

1. 공동사업 수행을 위한 협동조합 설립 등 조직화 지원사업

2. 공동사업 수행을 위하여 조직된 단체(법인을 포함한다)와 중소기업과의 연계지원 사업

3. 제품, 디자인의 개발 및 기능 개선 등에 관한 사업

4. 생산에 필요한 공동시설 및 공동장비 등에 관한 사업

5. 구매, 물류에 필요한 공동시설 및 시스템 등에 관한 사업

6. 홍보, 브랜드, 판매장의 설치 등 공동판로에 관한 사업

7. 그 밖에 중소기업청장이 도시형소공인의 공동사업 지원을 위하여 필요하다고 인정하는 사업

제21조(종합정보시스템의 구축·운영) ① 중소기업청장은 도시형소공인에 관한 정보를 종합적으로 관리하고 도시형소공인에게 유용한 정보를 제공하기 위하여 종합정보시스템을 구축·운영할 수 있다.

② 제1항에 따른 종합정보시스템의 운영방법 및 운영기관 등에 필요한 사항은 대통령령으로 정한다.

제22조(사회적 인식의 제고) 정부와 지방자치단체는 도시형소공인에 대한 국민의 이해를 높이고 도시형소공인과 보유기술의 중요성에 대한 사회적 공감대를 확산할 수 있도록 사회적 인식제고를 위하여 노력하여야 한다.

제5장 보칙

제23조(권한의 위임·위탁) 이 법에 따른 중소기업청장의 권한은 대통령령으로 정하는 바에 따라 그 일부를 중앙행정기관의 장, 시·도지사, 시장·군수·구청장(자치구의 구청장에 한정한다) 또는 「소상공인 보호 및 지원에 관한 법률」 제17조에 따라 설립된 소상공인시장진흥공단 등에 위임 또는 위탁할 수 있다. 〈개정 2015.1.28.〉

제24조(청문) 중소기업청장은 제11조제1호 및 제3호에 따른 기술교육훈련기관의 지정 해제를 하려면 청문을 하여야 한다.

소공인

/

전순옥이 만난
우리 시대의
장 인 들

2015년 5월 15일 초판 1쇄 찍음
2015년 5월 29일 초판 1쇄 펴냄

지은이 전순옥 · 권은정

펴낸이 정종주
편집주간 박윤선
편집부 여임동 장미연
책임편집 류미정
마케팅 김창덕

펴낸곳 도서출판 뿌리와이파리
등록번호 제10-2201호(2001년 8월 21일)
주소 서울시 마포구 월드컵로 128-4 2층
전화 02)324-2142~3
전송 02)324-2150
전자우편 puripari@hanmail.net

종이 화인페이퍼
인쇄 · 제본 영신사
라미네이팅 금성산업

값 18,000원
ISBN 978-89-6462-054-0 03300

이 도서의 국립중앙도서관 출판시도서목록(CIP)은 서지정보유통지원시스템 홈페이지(http://seoji.nl.go.kr)와
국가자료공동목록시스템(http://www.nl.go.kr/kolisnet)에서 이용하실 수 있습니다.
(CIP제어번호: CIP2015013714)